大学生のための
キャリアガイドブック

Ver.2

寿山 泰二
宮城まり子
三川 俊樹 著
宇佐見義尚
長尾 博暢

北大路書房

改訂新版（Ver.2）を出版するにあたって

　本書の初版が発刊されてから早いもので7年が経過した。現在では大学におけるキャリア教育の位置づけは確固たるものとなり，その重要性は産業界からもさらに大きく期待されたものになっている。当時，大学の4年間を通して具体的に「キャリア」を学べる有用なテキストがなかったことから本書が誕生した。その独自の編成方針，系統的な章立て，大学キャリア教育の本質を突いた実践的な内容は今も他書の追随を許さないものと自負している。

　しかし，7年も経過すると政治・経済など日本の社会環境そのものが大きく変化するとともに，本書内の使用データ等もいささか古くなったものも出てきた。そこで，現在および今後の社会環境を十分に検討し，より現実社会に適応可能となるように本書の一部を改訂することにした。

　今回，本書の具体的な改訂箇所であり，目玉とも言える箇所は，第4章の「女性のキャリア」についてである。大学4年間で知っておくべき「女性のキャリア」をより明確に具体的に取り上げ，女性の社会進出を後押しする内容を組み入れ充実させたことである。これにより，女性がこれからの日本社会を支え，さらに輝く存在，活性化を促進する中心的存在になってもらいたいという願いも込めた。

　また，大学のキャリア教育そのものもかなり成熟してきたこともあり，もう使用されなくなったものやデータ等が古くなったものなども併せて精査し，現実に即した形でリニューアルした。そしてなにより，この7年間で政府の方針で何度も変更され，一番大きく変動してきた就職活動の時期やあり方については，最新情報を採り入れて現実に対応した。

　今後も政府の方針によって就活時期等は大きく変わるであろうが，本書が目指し提言する大学キャリア教育の本質は揺るがない。なぜなら，大学における真のキャリア教育とはどういうものか，各執筆者が10年以上前からそれらを見据えて研究，実践，改善，結果に出してきたことを執筆してきたからである。この先どんな時代が来ようと，日本の将来を担う大学生たちが本書により，社

会人として必要とされる力を身につけ，そして自分の夢・目標が達成されることを心より願っている。

2016 年 1 月

執筆者代表　寿山泰二

初版まえがき

　現在，文部科学省はすべての大学において「学士力」の養成を主眼とした高等教育のあり方に向けての議論を行っている。卒業にあたり，卒業認定試験の実施も現実性を帯びたものになってきた。この背景には，大学生の基礎学力の低下に加え，常識・マナーの欠如，そして何より社会人として働くうえでの能力，すなわち，コミュニケーション能力や行動力といった社会人基礎力が育成されていないという産業界等の切実な声があった。

　これまでの大学における高等教育の考え方は，大学生がみずから専門科目等を積極的に勉強すれば，社会人になるために必要とされる基礎的な職業観や就業能力等が自然に身につくものとして実施されてきた。しかし，成熟した経済社会に加え，ITが発達した情報社会に変貌した現在，これまでのやり方では，コミュニケーション能力などの社会人基礎力を身につけることができなくなってきた。そこで，基礎的な職業観や就業能力等を身につけるための教育としてキャリア教育の重要性が認識され，正規カリキュラムにおいて実施されるようになってきたのである。

　しかしながら，現在のキャリア教育の内容は，各大学で異なるうえ，同じ大学においても，担当する教員によってその内容が異なり，その力量によっても学生の習得および満足感が異なるものになっている。これでは，産業界をはじめとする社会の要請に応えられず，「学士力」の担保にもならない。そこで，全大学統一的な「学士力」の養成を踏まえ，基礎的な職業観や就業能力等が身につく標準的なキャリアガイドブックが必要だと考えた。また，真の社会人基礎力が身につく指導内容であれば，担当教員の指導方針やその力量に左右されず，キャリア教育が本来の目標とする「生きる力」「人間力」も養成できると考えたのである。

　本書は，目先の就職支援を目的とした単なる自己理解や職業理解を中心としたキャリアデザイン本でもなく，内定取得だけをゴールとするテクニック等に終始した就活本でもない。大学4年間を通して主体的にみずからの人生の選択・

設計ができるように，大学生の「自立」「自律」を目的とした，大学時代にぜひとも学ぶべき「哲学」を有した骨太のキャリア本である。各項目の最後に各執筆者の「哲学」とも言うべき一番伝えたいメッセージを「ポイント」として記している。このメッセージの意味を十分に理解・実践できれば，どんなに就職環境が厳しい時代においても，本書で身につけた「生きる力」で，卒業後の進路先・就職先を切り開き，満足のいくものに変えていくことができるものと確信している。

本書の執筆者は，全員が日本キャリアデザイン学会の正会員で，「キャリア」分野における最先端にいる研究者である。一方で，「キャリア」以外に専門分野をもつ十分な経験と力量を備えた教育者でもある。執筆者全員で大学生が主体的に社会人基礎力を身につけることができるよう叡智を結集して誕生したのが本書「大学生のためのキャリアガイドブック」である。

本書の構成は，第1章においては，高校から大学への移行にともなう諸問題に対処する「初年次教育」を，第2章は，大学で今後の人生の選択・設計を支援する本来の「キャリア教育」を，第3章は，大学生活で身につけたキャリアを実社会で活かす「就職活動」を，第4章は，女性特有の生き方に焦点をあてた「ワークライフバランス」を，第5章は，大学でのキャリアに関する諸問題で困ったときのために「キャリアカウンセリング」を取り上げている。大学4年間で必要とされる「キャリア」を1冊で理解し，身につけられるように工夫されている。

また，本書独自の特徴として，第1〜4章までは2ページ見開きで，第5章は1ページで1つの項目を完結する，大学生にとって実践的でわかりやすい内容にした。枝葉末節よりも幹となるものを伝えるこれまでにない画期的なキャリアガイドブックを活用して，ひとりでも多くの大学生が充実した有意義な大学生活を送り，自己実現を達成することを心から祈念している。

最後に，「キャリア教育」に関する深いご理解と本書の企画・発行にご賛同ご尽力いただきました北大路書房の奥野浩之氏に厚く感謝申し上げます。

2009年2月

執筆者代表　寿山泰二

改訂新版（Ver.2）を出版するにあたって　i
初版まえがき　iii

第1章　大学で新たなキャリアをスタートする──初年次教育

大学でのキャリア
1.1　キャリア教育の可能性　2
1.2　キャリア形成のカリキュラム　4
1.3　大学生の心構え　6
1.4　大学生のプライド　8

初年次教育
1.5　授業のマナーⅠ　10
1.6　授業のマナーⅡ　12
1.7　授業のマナーⅢ　14
1.8　授業から学べるもの　16
1.9　スタディスキルⅠ　18
1.10　スタディスキルⅡ　20
1.11　自分流の学びの創造　22

キャリア教育の範囲
1.12　アルバイト，サークル活動，ボランティア活動とキャリア教育　24
1.13　キャリア教育としての経済教育の内容Ⅰ　26
1.14　キャリア教育としての経済教育の内容Ⅱ　28
1.15　キャリア教育を使いこなすために　30

COLUMN
・時間の使い方はあなたの人生そのもの　32
・あなたを成長させてくれる仕事（職場）　32

第2章　大学で将来のキャリアを考える──キャリア教育

キャリア教育の意義
2.1　なぜ今「キャリア教育」なのか
　　　──ユニバーサル化とグローバル化のはざまで──　34

2.2　社会は大学生に何を期待しているのか　36
2.3　「仕事」とは何か─日常の学生生活の中から考える─　38
2.4　キャリア教育科目を受けるうえでの心構え　40

キャリアデザイン・キャリア形成

2.5　キャリアって何？─キャリアの意味と内容を知る─　42
2.6　自分のキャリアを点検する　44
2.7　キャリアデザインの前に─どのような人生を送りたい？─　46
2.8　キャリアデザインとキャリア教育　48
2.9　キャリア形成と自己理解　50
2.10　キャリア形成と職業理解　52
2.11　学生期の成長と発達─大学生の発達段階と発達課題─　54
2.12　大学におけるキャリア形成支援
　　　─1・2年生のキャリア教育から就職支援へ─　56
2.13　卒業後のキャリア形成に向けて─生涯にわたる発達─　58

インターンシップ

2.14　インターンシップとは何かⅠ─インターンシップのすすめ─　60
2.15　インターンシップとは何かⅡ
　　　─さまざまなタイプの「インターンシップ」─　62
2.16　「事前学習」の重要性　64
2.17　実習に臨む　66
2.18　「事後学習」の重要性　68

ワークシート「キャリア・マニフェスト」を宣言しよう！　70

COLUMN

・キャリア教育って，新しい教育？　83
・インターンシップ実習生に求められる「ビジネスマナー」とは　84
・インターンシップ実習終了後は実習先へ必ずお礼状を　84

第3章　大学で身につけたキャリアを実践する──就職活動

就職活動の準備　研究編

3.1　卒業後の進路を決める時期　86
3.2　卒業後に就職する意味・意義　88
3.3　就職情報の収集　90
3.4　就職のための自己分析　92

3.5　過去をふり返る深い自己分析　　94
3.6　戦略的自己PRの作成　　96
3.7　業種・業界研究　　98
3.8　職種研究　　100
3.9　企業研究　　102
3.10　公務員・教員試験と大学院試験　　104

就職活動の実際　行動編
3.11　履歴書作成の前に　　106
3.12　エントリーシート対策　　108
3.13　会社説明会とOB・OG訪問　　110
3.14　筆記試験・グループディスカッション・グループワーク　　112
3.15　面接試験対策　　114
3.16　内定辞退と内定報告―就活をふり返る―　　116

就職能力チェックリスト　　118
分野別おもな資格一覧表　　120
グループ選考の具体的事例　　121

COLUMN
・自分の適職を考える　　122
・ブラック企業の判断基準　　122

第4章　大学で女性のキャリアを考える――ワークライフバランス

現代女性のキャリア
4.1　現代社会と女性のキャリア形成　　124
4.2　長期的な視点からの女性のキャリアデザイン　　126
4.3　女性のライフコースとキャリア形成　　128
4.4　継続して社会で働くことの意味　　130
4.5　女性のキャリア形成のための準備　　132

COLUMN
・ジェンダー・バイアス度　　134

第5章　大学でキャリアの相談をする——キャリアカウンセリング

キャリアカウンセリング
- 5.1　キャリアカウンセリングとは何か　136
- 5.2　キャリアカウンセリングの意味　137

大学生活
- 5.3　社会に出る前に身につけておいたほうがよいことは何でしょうか　138
- 5.4　大学に入学したが授業はつまらなく，やりたい勉強とは違うので，退学も考えています　139
- 5.5　何のために働かなければいけないのでしょうか。できるだけ自由でいたいと考えているのですが……　140
- 5.6　自分は何をしたいのか，何に適性があるのかわかりません　141

就職活動
- 5.7　自分に自信がなく，面接の時にアピールするものがなく悩んでいます　142
- 5.8　内定が取れず，就職活動をやめたい。自分に自信がなくなり，「もうアルバイトでもいいか」と考えてしまいます　143
- 5.9　内定は取れたが，行く気がしない。どうしたらよいでしょうか　144
- 5.10　親が勧める就職先と，自分が行きたい就職先が異なり困っています　145

将来の進路
- 5.11　地元へUターンすべきか迷っている。どうしたらよいでしょうか　146
- 5.12　大学院へ進学しようかどうかと迷っているのですが……　147
- 5.13　女性として長く仕事を継続したいが，どのような企業がよいでしょうか　148
- 5.14　大学卒業後はどのように生きていけば自己実現ができるか。キャリアアップの方法を教えて下さい　149

COLUMN
- ・気分を変えるためには捉え方を変えよう　150
- ・目標を明確化すると意識が変わり行動も変わる　150

参考文献・資料　151
索　引　153

第1章

大学で新たなキャリアをスタートする
—— 初年次教育

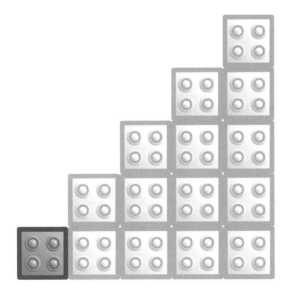

1.1 大学でのキャリア

キャリア教育の可能性

(1) 学生の立場からの新しい大学観のすすめ

　大学生になったあなたは，**大学は誰のためにあるのだ**と思いますか？　あなたが入学した大学は，学生のために，つまりあなたのためにあると言ったら，あなたは驚くでしょうか。ここでは，**学生であるあなたの立場に立って大学というものを今一度根本から考え直してみたい**と思います。

　高校教育を終えて，本来なら就職して賃金を得ている年齢でもあるあなたが，なぜ，さらに高額な授業料を4年間も払い，**大学で何を学ぼうとしているのでしょうか**。大学が，どれほど高尚な建学の精神や整った教育プログラムを持っていても，それらがあなたにとってどのような意味を持つのかが，あなたの中で明確にされない限り，自分を見失った学生になったあげくに，体よく，トコロテン式に押し出されてしまいます。そうならないためにも，**あなた自身があなたの大学をあなたの役に立つ大学につくっていくという大学観**が必要なのです。大学が，「あなたのためにある」というのはこのことです。

(2) 大学で学ぶ目的は卒業後の進路を決定すること

　大学の4年間で，あなたは何をしたいと考えているでしょうか。もちろん，大学は最高学府ですから，まずは「高度な専門知識や技能を修得する」「広く深く教養を身につける」，それから「サークル活動」「ボランティア活動」「スポーツ」「海外・国内旅行」「遊ぶ」「友だちづくり」「自分探し」など。また「アルバイトをやりたい」という人も多いのではないかと思います。大学に在籍することは，決して少なくない学資がかかりますし，毎日の生活費もばかになりません。それらをすべて親から出してもらうのではなく，せめて小遣いくらいはアルバイトで稼ぎたいと思っている人もいるかもしれません。

　さて，大学生活をどのように過ごすにしても，1つだけ共通してはっきり言えることがあります。それは，**大部分の皆さんは卒業後には何らかの職業に就き，働かなくてはならない**ということです。そうしますと，先ほどからお話している大学生活の中身や目標は，最終的には卒業後の就職のために，直接，間接に役に立つものとして一貫性を持つものにまとめ上げられていることが望ま

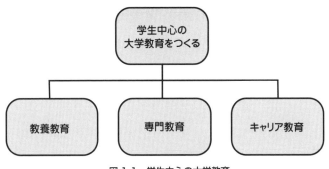

図 1-1　学生中心の大学教育

しいのです。

　このように考えますと，**大学とは働く（就職）のための一種の準備期間**と言ってもよいかもしれません。つまり，あなたが 4 年間の学生生活を通じて，「**就職したいという強い意志**」をつくり上げ，「**就職に必要な高度な能力**」を修得する期間であるといえます。この世の中にはどんな職種があり，どんな職場があるのかを十分時間をかけて吟味して，それと同時に自分の性格や夢や希望，就業能力などの客観的な「自己分析」を行い，自分と職種・職場とのマッチングを試行する。大学の学生生活とはそうした 4 年間であることの自覚を持つこと。それくらいにはっきりした目的意識を持たないと，大学の 4 年間は，時間とお金を浪費するだけになってしまい，あっという間に終わってしまいます。たとえ，4 年間で卒業できたとしても，どこにも**就職できずにいたり，自分の進路選択を決められなかったり**していたら，あなたの大学教育は十分に役に立ったと言えるでしょうか。

 あなたが主人公の大学をつくる！

1.2 大学でのキャリア

キャリア形成のカリキュラム

(1) 学生中心カリキュラムの考え方

　多くの大学は，たとえば，経済学部ならば経済学を法学部ならば法学というそれぞれ学問体系に基づくカリキュラムによって，学生を教育しようとする傾向があります。学生もまた，そのことに何の疑問も持たず，たとえば，経済学部には経済学を学ぶために入学すると思い込まされているわけです。そこでは，あなた自身と経済学の関係などは直接，考察の対象にはなりません。つまり，**大学の勉強の中で，あなた自身が疎外されてしまっているわけです**。こうした教育観で，あなたは，本当に，あなた自身の人生を切り開く教育成果が得られると思いますか？　今あなたが経済学部の新入生であるとしたら，**経済学を学ぶことは，あなたが自分の能力を磨き将来の可能性を切り開くための1つの手段にすぎないものと考えるべきです**。こうした考えを，**学生中心のカリキュラム**といいます。つまり，そうした学生中心のカリキュラムを実現してくれるものの1つが，実はキャリア教育なのです。もし，あなたの大学が，キャリア教育に力を入れていないならば，あなた自身であなたの役に立つキャリア教育のプログラムを作成していく必要があります。本書は，そのためのヒントを与えてくれるはずです。さあ，今から，**あなたが主人公の大学づくりを始めましょう**。

(2) マイカリキュラムの作成

　あなたが入学している大学には，大学によって決められている履修方法があります。それはそれで，決められている通りに履修して下さい。そうしないと卒業できないことになってしまいます。

　ここでは，大学から与えられた正規のカリキュラムを一度ばらして，（キャリア教育を取り込んだ）学生中心のカリキュラムの考え方に即して，あなたのためのカリキュラムを再構成してみましょう。そうすることによって，**あなたは，自分が主人公の大学教育を受け身にではなく能動的に，しかも主体的につくることができます**。

　大学で開講されている科目を，ここでは大雑把に①**教養教育科目**，②**専門教育科目**，③**キャリア教育科目**という3つの科目の範疇に分類してみます。この

科目の分類の原則は，たとえば，あなたの所属する学部が，経済学部でしたら，経済学に関する科目はすべて専門科目に分類し，経済学関係以外の科目は教養教育科目として考えます。さらに，職業，就職，自己分析に関係するような科目は，すべてキャリア教育科目に分類します。教養教育科目は，1年次後期から4年次前期までの間に原則履修し，専門教育科目は2年次から4年次前期までの間に原則履修します。キャリア教育科目は，1年次後期から4年次前期の間に原則履修することを目指します。さらに，このマイカリキュラム案では，1年次前期の4か月間を**初年次教育期間**として，同様に4年次後期の10月から翌年3月の卒業式の日までを，**最終年次教育期間**として位置づけます。大学就学の4年間をこのような期間に区分けして，それぞれの期間ごとにあなた自身が明確な教育目標を設定して達成していくのです。

　ここでの初年次教育というのは，大学とは何か，特に自分にとって大学とは何かを考える期間です。大学での勉強生活が本当に自分にとって意味があるのかを見極める期間でもあります。それと同時に，**大学での学びの方法をマスターする期間**，**大学生活を安定した軌道に乗せる期間**でもあります。最終年次教育は，あなたの**大学生活を総決算する期間**です。そこで不足していることや，まだやり残したことがあれば補充する期間です。それは，**社会人としての常識・マナーなどに磨きをかけて仕上げる**期間でもあります。

　もし，あなたの大学の正規のカリキュラムの中に，上記のような初年次教育，キャリア教育，最終年次教育に分類できるような科目が開講されていなかった場合には，何らかの方法でそれらを補うことが必要です。たとえば，「インターンシップ」などは，有益なキャリア教育科目ですが，あなたの大学にそうした科目が開講されていなければ，あなたは自分で「インターンシップ」を体験できる方法を探さなければなりません。あなたが就職したい業界に必要な能力を大学だけで修得できないならば，専門学校に行くことも考えなければなりません。私の友人は，テレビ局のアナウンサーになりたいという希望を持った時点で，大学に通う合間にアナウンサー養成の専門学校に通い，大学卒業と同時に希望のテレビ局に入社しました。

> **point** 夢はあなたの行動しだいで必ず実現する！

1.3 大学でのキャリア

大学生の心構え

(1) 入学して4か月があなたの学生生活を決定する

　これから始まる大学生活に向けて，あなたは高校までの勉強の仕方や時間の使い方，ものの考え方，生活態度などについて，ここで一度**リセットする**ことが必要です。このリセットに失敗すると，あなたの大学生活は，最悪の場合，「やる気」を失いドロップアウト（退学，除籍）してしまうことになるかもしれません。実際，私が勤務する大学でも毎月何人かの学生が退学をしていきます。逆に，リセットがうまくいった場合，**あなたの大学生活は充実した夢のある刺激的な青春そのもののキャンパスライフになります**。青春とは，将来についてあらゆる可能性に満ち満ちて高揚した精神の状況を言うのだと思いますが，それは，まさに「輝いている」との表現がピッタリです。

　最近の格差社会では，単に「経済的な格差」ではなく，「**希望格差**」などといわれる状況があると指摘されています。一方で夢と希望に溢れた人たちがいて，他方には夢も希望も持てない人たちがいる。その格差がますます大きくなっているというのです。夢や希望は，一種の「心の在り様」ですから，それは「生きる意欲」といってもよいものです。あなたが，大学に入学してから，さまざまな理由（こんなはずではなかったとか，成績が上がらないとか，友だちとの関係など）で「やる気」をなくし，「意欲」を失ってしまった時こそ，あなたの最大のピンチだと思って下さい。大学生活の4年間を通じて，どのように「やる気」「意欲」を失わずに，夢や希望の実現にまい進できるか。そのためには，**入学してからの4，5，6，7月の4か月間が勝負の期間**であると思います。この4か月間で，大学生活を軌道に乗せることに失敗すると夏休みの8，9月の過ごし方（アルバイトをしまくるか，無意味に遊びまくる）がダメ押しになってあなたの大学生活は際限もなく下流に押し流されていってしまいます。

(2) 宇宙ロケットで大気圏を脱出

　4月に大学に入学してから7月までの4か月間のあなたは，ちょうど，宇宙ロケットが大気圏内をゆっくり重そうに上昇していく様子に似ています。大気圏内には，空気抵抗や重力がありますから燃料を最大限に燃焼させても，その

スピードは遅いものです。大気圏内の空気抵抗や重力は，あなたにとっては，ちょうど，勉強（上昇）を妨げるさまざまな誘惑のようなものです。あなたには大学生になったという安心感から，さまざまな遊びの誘惑が重くのしかかってきます。そうした誘惑を振り切るには相当なエネルギーが必要ですし，また，ロケットが安定した姿勢を保つためには，優れた制御技術が必要です。

しかし，そうした誘惑を振り切って，一旦，大気圏外に出て地球周回の軌道に乗れば，もうそれほど多くの辛い努力は必要としませんし，しかもそこには，地球全体を見下ろす高みにあって，宇宙の厳しさの中にありながら，勉強に集中できる透明で静寂な環境が待っています。実は，こうした環境こそが，**大学で学ぶために皆さんがつくり上げなければならない環境**なのです。大学での勉強とは，地球周回の軌道（大学生活のあるべきシンプルライフ）に乗って，宇宙環境の厳しさ（学問の厳しさ）の中で地球上のさまざまなことを学び，考え，最終的には**自分の生き方（職業を含む）**を見つけるということなのではないでしょうか。

多くの大学の学事日程では，4月から7月までの4か月間は「前期」学期にあたります。1年次生の皆さんにとっては，すべてが初めての経験となる前期学期です。学習についていえば，初めての授業，そして初めての試験を経験することになります。授業はどのように受けたらよいのか，ノートはどのようにとったらよいのかなど，とまどうことが山ほど出てくるのではないでしょうか。そうしたことは，ほとんどの大学で入学時に親切なオリエンテーションやガイダンスを行っていますのでそれほど心配はいりませんが，それにしても，「**大学についての基本的な考え方**」を，あなたがしっかり持っていないとそうしたオリエンテーションやガイダンスは，あなたにとって何の役にも立ちませんし，かえって多くの情報が錯綜して逆に迷ってしまうことがあります。在学中はいつも，特に何かをやろうとする時や決断する時には，もう一度，あなたと大学との関係について熟慮してから，その行動，決断をしてみて下さい。

 大学の勉強とは自分の生き方を見つけること！

1.4 大学でのキャリア

大学生のプライド

(1) 大人の自覚

あなたが今，大学1年生ならば，多分18歳か19歳のはずです。日本では，法律で定められている「成人年齢」は20歳ですから，多分，あなたは自分をまだ「子ども」だと思っているのではないでしょうか？ もっともこの20歳という成人年齢にしても，最近は18歳に引き下げようという意見が出てきています。国によっては，すでに18歳を成人年齢に定めている国もあります。

さて，大学生のあなたが自分を「まだ子どもだ」と思うことと，自分は「もう大人だ」と思うことによって，あなたの行動にどのような違いが出てくると思いますか？ 今，ためしに「私は子どもではない，もう大人だ」と声に出してみて下さい。なんとなく，今までとは違った気分になりませんか？ その大人の気分があなたを変える原動力になります。**自分は，「もう大人」なんだと自覚すること**で，「まだ子どもだ」という気持ちのままにとどまっている人とは明らかに，**毎日の行動，顔つき，言葉使い**などに違いが出てきます。大学は子どもが来るところではないのです。もっとも，「もう大人」なのだからといって，18歳，19歳でタバコやアルコール飲料，未成年に禁じられている遊戯などをやってもよいなどと勘違いしないで下さい。

大学1年生は，日本の今の法律では確かに「未成年」（子ども）ですが，大学生になったあなたがその時点で，たとえ18歳であっても「大人の自覚」を持つことを勧めるのは，次のような行動をあなたに期待したいからです。そうした期待こそが，実は**大学生が大学生であるための最低条件**であると思うからです。

ここでの「大人の自覚」とは，①**主体的であること**，②**自立的であること**，③**責任をとること**，④**自由であること**，⑤**時間を守ること**，⑥**活動的であること**，⑦**忍耐力があること**，⑧**寛容であること**，⑨**社会のルールを守ること**，⑩**約束を守ること**，などです。私たちは，こうした事柄をどこまで貫くことができるのか，どの程度の確かさで達成できるのか。これらのことは，人に課せられた一生の問題かもしれません。たとえ，「そうありたい，そうしたい」と自

覚していても，なかなか思うように達成できないものです。それでも，こうした事柄を自覚しているならば，いつかは達成できる可能性はあります。

さて，大学での学びが，あなたにとって最大限に効果を表すようになるための最低条件が，前記の10項目ですが，特に，学問を習得するうえで大事な項目について考えてみます。

(2)「主体的である」ことと「自立的である」ことの意味

「主体的である」ことは，学問を習得するうえで最も大事な事柄です。**何を学ぶにしても，それがあなた自身の生き方と関係づけられなければ何の意味もありません。**学ぶことが，他人事のように感じられたら赤信号です。主体的に学ぶことで，その学問は生き生きと呼吸を始め，あなたにとって真に役立つ智恵（wisdom）になります。次に，「自立的である」ことですが，もちろん経済的な自立は学生ではまだ無理があります。ここでいう「自立的である」ことは，**心構えが自立していること**，それによって**日常の生活行動が自立している**という意味です。たとえば，何か困ったことが起きた時に，すぐ他人に頼るのではなく，まず**自分で悩み考え自分で解決する行動原理を確立する**ことです。何をやるにもいつも誰かと一緒でなければできないというのでは，大学では学ぶことはできません。

(3)「自由である」ことの意味

次に，「自由であること」の意味ですが，この自由には2つの意味があります。1つは，**「何事にもとらわれない自由」**（価値からの自由）と**「何事をも選択できる自由」**（価値への自由）です（マックス・ウェーバー）。この2つの意味を持った「自由」を躊躇なく実践できることが，学問を最大限に学ぶためには必要不可欠なことです。こうした自由の実践には，場合によっては相当な勇気が必要です。そうした**勇気を養うこともまた，実は大事な学問の課題**です。その勇気が育っていなければ，頭でっかちのひ弱なインテリに成り下がってしまいます。最悪の場合，あなたは悪事に巻き込まれ，利用されてしまうかもしれません。

 主体的，自立的に，自由に学ぶ勇気！

1.5 初年次教育

授業のマナーⅠ

(1) 授業中の「私語」

　さて、「大人の自覚」は、たとえば、授業を受ける際のマナーの中にも具体的に表れます。

　大学の授業では、大教室で200人から500人の受講者がいることは決して珍しいことではありません。そうした教室では、特に後ろの席では教員の声も遠く黒板の字も小さく見え、授業環境は決して良いとはいえませんので、授業内容とは無関係ないわゆる「私語」が発生しがちです。その結果、教室内は「ザワザワ」と落ち着きがなくなり、やがて騒然となってしまうことがあります。それに対して、厳しく「私語」を禁じてそのつど注意をしながら授業を進める教員もいますが、一方では、学生が私語をしていようがいまいが我関せずに授業を進める教員もいます。そうした教員は随分少なくなってきましたが、残念ながらまだいるかもしれません。そうした教員の授業を履修するようになってしまった場合、**「大人の自覚」を持った学生**としては、果たしてどのような行動に出るべきでしょうか。

　1つは、授業中でも挙手をして堂々としっかりとした口調で教員に「私語をやめさせて下さい」と促すことです。もう1つは、私語をしている人が左右前後の近い席の場合には、その人たちに向かって「静かにして」の何らかのサインを送り注意を促すことです。これらの対応のいずれかをその場の状況で（空気を読んで）判断して行動する。要は、**事態を変える行動をすることが大事**です。「面倒くさい」と言って、「見て見ぬふり」や「黙認」する、また悪い状況を改善することを「あきらめて」しまい、不満の残る授業環境のままで我慢してしまってはいけません。大学で学ぶ皆さんは、のちに**社会のリーダーになることを期待されている人たち**なのですから。

　しかし、自分は気が小さくてそんなことはとてもできないと思う人は、とりあえず、前の席に座り（大教室では、不思議に前の席がポッカリ空いている場合があります）、授業が終わったら大学の**学生センターに相談に行く**か、**友だちと話し合って問題解決に努力**してみましょう。問題があるのに何も感じず、

何も行動しないのは「大人の自覚」を持った学生とはいえません。

(2) 授業中の居眠り

　大教室での多人数の授業で，しばしば見られる光景なのですが，授業中に机にうつ伏せになって眠ってしまう学生が結構います。高校の先生に聞いたのですが，高校では授業中に机にうつ伏せになって眠ってしまう生徒は，先生がすぐに注意することもあるためか，まず見られないそうです。ところが，意外にも大学の大教室での多人数授業では結構いるのです。大学では，学生がうつ伏せになって眠っていても，注意をしてくれる教員は少数派です。そのまま放っておかれ，授業の内容がわからなくなっても自己責任というわけです。

　学生が授業中に眠くなってしまうのは，「授業がつまらないから」という人がいますがそんな単純なことではないと思います。授業は，漫談や落語ではありませんから，学生にとって授業のすべてが面白い内容であることのほうが問題です。それに，その日の体調によって眠くなってしまうことがあるのはごく自然なことです。私も学会などで研究報告を聞きながら，ふと眠くなってしまうことがあります。先日，上野の寄席に行った時に見たことですが，人情話の長い落語に隣席の人はいびきをかいて気持ちよさそうに眠っていました。人の話を一方的に聞くということは，しばしば，眠気を誘うものでもあるようです。それでは，授業中に眠くなってしまったら，どうするか。まずは，**背筋を伸ばして眠気を我慢しつつもコックリしてしまう程度に居眠りを抑えること**です。要は，**机にうつ伏せになって眠らないこと**が大事なのです。授業中に机の上にうつ伏せになって眠り，額に真っ赤な押し跡をつけてしまうことなどは，ぜひとも避けたいことです。

point　事態を変える勇気と行動力を養う！

授業のマナーⅡ

(1) 授業中の脱帽

　教室内で，授業が始まっても帽子をかぶったままでいる学生がいます。近年，若者に人気のある男性タレントがテレビに出演した際，室内にもかかわらず，またゲストと対面して話す場面でも帽子をかぶったままでした。そうした芸能人に影響を受けてしまったのでしょうか。

　私の授業でも，教室内で授業が始まっても帽子をかぶったままの学生がいたので注意をしたら，「帽子もファッションの1つだから」と言いわけした学生がいました。この学生は，ファッションの本当の意味を理解していなかったのです。本来，ファッションとは，**時間，場所，状況に応じた適切な衣装表現**のことですから，葬儀には華やかな衣装を避けたファッションが適切であるように，**授業には授業を受けるのに適切なファッションを自覚する**ことが大事です。時間，場所，状況に応じたファッションを理解できない人は，とても大人とは言えません。かつて，中学校や高校で制服が個性をなくしてしまうからという理由で批判された時期がありましたが，最近では再び制服が見直されています。中学生や高校生の年齢では，自分の個性にあった服装を，学校内でそれにふさわしく着こなせる能力はまだ無理であることがわかってきたのではないでしょうか。それよりも，学校内で服装を自由にすることで生まれてくる弊害のほうが大きな問題になってきたのです。しかし，大学生の場合，年齢的にもそうは言っていられません。そろそろ，一般に通用するファッション感覚を身につけていかなければならない時期でもあります。

　ところで，**教室内で授業中に脱帽することは，ファッションの問題ではなく「学ぶこと」に対する敬意の1つ**と考えて下さい。そもそも「学ぶこと」に対する信頼や敬意の気持ちがなければ，授業の中身などは身につくはずがありません。

(2) 授業中のマフラー・コート

　最近ではどの大学でも冬季の教室は暖房完備です。それにもかかわらず，授業が始まってもマフラーをとらず，ジャンパーやコートも着たままで授業を受

ける学生がいます。風邪をひいていたり，体調を崩している場合にはやむを得ませんが，そうでない場合は，やはり，**マフラーをとり，コートは脱いで授業を受けるのがマナー**です。脱いだコートなどは，鞄とともに机の下などに置いて，決して机の上に置かないようにしましょう。随分，細かなことを言うと思うかもしれませんが，こうしたことの1つひとつがあなたを**品格ある社会人（職業人）に成長**させてくれるのです。

(3) 授業中の机の上

授業が始まっても，机の上に鞄やコートなどを載せたままにして，狭い机の上をいっそう狭くしてしまっている学生がいます。こうした現象も高校の教室では見られないことなのですが，なぜか多くの大学では野放図状態になっています。

机の上は，教科書，参考書，筆記具だけにして授業に集中すべきです。大学では，マナーについてはそれほど注意をしない先生もいますので，学生のマナーは崩れがちです。**マナーは，自分でその意味をしっかり理解しない限り，本当には身につきませんし，マナーの応用**もできません。授業は，何も知識を切り売りしてもらうだけの場ではありません。**授業は人間教育の場でもある**ことを学生自身がわかっていることが大事です。

(4) 授業中の飲食

授業中に，飲み物（缶ジュースなど）を持ち込む学生が増えています。ゼミなどの少人数の授業で，しかも学生自身が発言を促される授業では飲み物も必要かもしれませんが，大教室での多人数の授業では，教室内に飲み物の持ち込みはやめたいものです。大学によっては，教室内に一切の飲食物持ち込み禁止を徹底しているところもあります。それは，教室内の備品などを傷めてしまう場合があるからです。大学の授業は，その多くが90分間です。その間，**飲み物を我慢すること**，これも「大人の自覚」の1つですし，品格です。劇場での飲食物の持ち込み禁止は，古今東西の常識です。**教室もある意味で，劇場のようなところ**なのです。

 授業は知識を得るだけではなく人間教育の場でもある！

授業のマナーⅢ

(1) 授業の出欠

多くの大学では，たとえば，2単位を取得できる「科目」は週に1回の授業で15週をかけて15回行われます。そのうちの3分の2に相当する10回以上の出席がなければ単位は取れないことが決められています。そうしますと，学生にしてみれば5回までは休めるということになりますが，そうした**消極的な姿勢は禁物**です。どうしても授業を休まなければならない状況が生じることがあるからです。事故や病気はそうした場合ですが，たとえば，同じ時間に興味のある講演会が入ってしまったりしたら，あえて**授業を積極的に休む選択**があってもよいのが大学であると思います。これこそが「大人の自覚」のうちの「**自由である**」ことの実例です。ただ，授業を休んだ場合，その授業内容を確実にフォロー（友だちにノートを借りるなど）しておくことが大事です。休みっぱなしというのは，「責任を取る」という「大人の自覚」から外れてしまいます。

(2) 授業の遅刻

さて，授業開始時間に遅刻してしまう問題ですが，これは比較的安易に考えられがちです。しかし，一般に**約束した時間を守ることは，社会人（職業人）にとっては決定的な資質**であるといっても言い過ぎではありません。それだけに，約束の時間は必ず守るという人は，それだけで相手から強い信頼感を獲得できます。

大学では9時から始まる1時限目の授業に，よく遅刻する人がいますが，その理由はほとんどが「寝坊」です。自分は，「朝が弱い」といって，あえて9時からの授業を履修しない人がいます。「遅刻をしなくて済む状況」をつくるという意味では，賢明な対応かもしれませんが，それでは，「朝に弱い」というあなたの弱点を学生時代のうちに改善することはできません。あなたが「朝に弱い」ならば，むしろ9時から始まる授業を積極的に履修することで，その弱点をなくすことに挑戦してみて下さい。つまり，授業開始時間に遅刻しないことで，遅刻体質の自分を変えるきっかけに利用するのです。このように，**授**

業をめぐっては，あなたの考えしだいで，あなたは自分を社会人（職業人）として成長，成熟させていく機会がいたるところにあるというわけです。

(3) 出席の代返

大教室での多人数授業では，「出席カード」を使って出席をとることが一般的です。大学によっては，学生証の電子的機能を使った方法で出席をとる場合，また授業（教員）によっては，授業の最後に小テストをやったり，授業内容を要約させた小レポート提出させて「出席票」代わりにする場合など，さまざまです。後者の場合には，出席の「代返」はほぼ不可能ですが，単純な「出席票」による場合は，皆さんは「代返」の誘惑にさらされます。授業で出席が厳しく取られれば取られるほど，出席の「代返」の価値が上がるというわけです。

「出席票」をめぐっての教員と学生の「攻防戦」「智恵くらべ」は際限がありません。たとえば，「出席票」が授業の始めに配られる場合には，「出席票」をもらい提出は友だちに頼んで，「エスケープ」する人が出てきます。それで，今度は「出席票」を授業の最後に配って対抗すると，学生はいつの間にかあらかじめどこからか「出席票」を手に入れて友だちに頼んで授業には出ないのです。こうした不毛なやりとりは，なかなかなくなりません。問題は，**すきがあればそうしたごまかしをやるという未熟な人間が持つ弱い心**なのです。授業の「出席票」という機会を利用して，あなたは，自分の持っているかもしれない「弱い心」を確認して，それに打ち勝つ練習をすることができます。こうしたことは，試験のカンニングについても言えます。

(4) カンニング

試験のカンニングは，それこそ古今東西古くからありました。おそらく，試験がある限り永遠になくならないかもしれません。試験のカンニングは，**その場しのぎの安易な手段**ですから，「**学ぶもの**」にとっては**最も有害な行為**です。カンニングによって，自分の実力が正確に把握できなくなり，その後の学びに深刻な影響をもたらします。**試験の意味と目的を正確に考える**ならば，カンニングしようという誘惑は完全に消えてしまいます。

　　　大人の責任ある自由に挑戦しよう！

1.8 初年次教育

授業から学べるもの

(1) 授業の限界と可能性

　大学の1回の授業（これを1コマと呼びます）は，多くの科目で90分ですが，その**90分間で教員から伝えられる知識や情報は，かなり限られたもの**です。もちろん，教員はその90分を使って最大限の内容を盛り込んだ授業を設計しますが，それでも限界はあります。ですから，授業だけをまじめに受けていれば大丈夫だと安心はできないのです。皆さんにとっては，むしろ，90分の授業時間は1つのテーマについて，**深く考える（知る）ためのきっかけ**を教員につくってもらうぐらいに思っていたほうが無難です。

　1コマ90分の授業内容を理解するためには，**予習90分と復習90分の計180分を必要とする**ことが求められています。ところが，日本の多くの大学生は，**授業時間以外の勉強時間が極端に少ない**ことが知られています。教員側にも学生の側にも，授業をめぐって，ここにも1つの大きな課題が生まれています。それは，授業時間以外に，学生がその授業内容を深めるためにどれほどの時間を費やすかという課題です。教員側は，授業時間以外にも学生に勉強させる仕掛けを工夫することが求められています。**予習・復習のいらない90分授業が行われているとしたら，それは教員の手抜き以外の何ものでもありません**。教員のそうした手抜きを喜ぶ学生がいたとしたら，その学生は大学を辞めて，別な道を探すことをお勧めします。

　授業時間以外に，その授業に関してどのように勉強したらいいかわからない人は，**昼間受けた授業を，忠実に再現するノートを作成する勉強**に当ててみて下さい。そうした復習を中心とした勉強からでも，必ず予習につながる問題意識が芽ばえたりしますので，これは実に有効な方法の1つです。

　教員から単に教わるだけの授業では，本当に自分の役に立つ知識は身につきませんし，応用力を効かせることのできる本物の「知恵」を獲得することはできません。この意味で，90分授業は，授業のテーマを学ぶうえでの1つのきっかけにすぎないという**冷めた見方**が必要です。そして，授業時間以外の，本当に自主的な勉強時間に力を注ぐ。これが**大学における学びの本来の姿**です。

(2) 学生と教員の協力で最高の授業をつくる

　大学の授業の形には，「講義」「演習（ゼミナール）」「実習」「フィールドワーク」などがあります。「講義」にも，科目によって1人の教員が担当するものから複数の担当者が入れ替わり立ち替わり講義する形（オムニバス方式）の授業があります。履修者数も20人程度の少人数から300人もの多人数までさまざまです。「講義」形式の授業では，教員が教壇から一方的に話すのが原則です。そこでは学生の出番はほとんどありません。教員が話すだけの一方通行の授業は教育効果が低いことはわかっていますから，心ある教員の多くは，「講義」科目でも「双方向の授業」を工夫してそれなりの効果を上げていますが，その授業が「講義」の形をとっている限り，教員からだけの努力には限界があります。「講義」形式の授業をどのようにしたら，学生にとって魅力のある授業にすることができるでしょうか。それは，学生がどれほど自主的，主体的であるか否かにかかってきます。**学生の授業を受ける姿勢が受動的ではなく能動的で積極的であることが鍵**になります。**授業は，学生と教員の共同作業**です。その両者が，お互いに真剣に向き合わない限り，創造的で喜びのある授業をつくることはできません。

(3) 「学生による授業評価アンケート」

　「学生による授業評価アンケート」を実施する大学が増えています。**授業を受ける側の学生の意見や要望を取り入れる形で，教員自身が授業改善を行う試みです**。教員の一方的な思い込みでつくる授業ではなく，授業のもう一方の当事者である学生の意見要望などを取り入れるために行うアンケートです。

　授業は，あくまでも学生のために行われるものですから，皆さんは自分のこととして，こうしたアンケートには積極的にまた誠実に対応して下さい。感情的にあの先生が気に入らないからといって評価項目のすべてに最低の評価をつけたり，逆に，あの先生は良い人だからといってすべての項目に最高点をつけたりしてはいけません。「学生による授業評価アンケート」は，**学生と教員の間にかかる信頼の架け橋**のようなものです。また，**人や仕事を適切に評価する能力は，社会人（職業人）になってからも非常に大切**なものです。

 授業は学生と教員の共同作業でつくられる！

スタディスキル I

(1) ノート

　授業は，ただ聞いているだけではほとんど身につきません。その場ではわかったつもりでも何日かしたら忘れてしまいます。できれば，科目別に1冊の大学ノートを使いましょう。バインドされたルーズリーフを使う人がいますが，その場合よほどこまめに科目別に整理をしておかないと機能的に使いこなすことはできません。授業によっては，内容をさかのぼって確認することもあるからです。

　ノートは，見開きにして，左側に教員の授業内容を記し，右側に自分のコメント，疑問点，関係資料を貼り付けたりするために空けておきます。授業ノートは，授業内容の正確な記録ですが，それは後で**必ず読んで活用する**ものですから，**後で読んでみたくなるようによく整理されたもの**でなくてはなりません。したがって，授業時にはとりあえずメモをとり，その日のうちにそのメモを頼りに再度授業内容を再現してノートに残すことにします。そうした作業自体が，その日の授業の復習になります。その過程で，授業時間以外の勉強時間が確保できます。最近，授業時間以外にはほとんど勉強しないという人が増えていますが，その人たちは授業時間以外に何を勉強したらよいのかわからないのが真相のようです。その意味でも，**その日に受講した授業のノート作り**をやってみて下さい。**きれいに整理され充実したノート**が作られていくと，ますます勉強が楽しみになり，また試験の時にも大いに役立ちます。

(2) レポート

　レポートは，そのテーマによってその形式も書き方も違ってくると思いますが，たとえば，1冊の本や論文を指定されてのレポートの場合は，**2つのポイント**を押さえることが大事です。レポート出題者の意図は，まさにその2つの出来映えを見ようとしているからです。1つめは，その本や論文の**内容を正確に自分の言葉で要約すること**。2つめは，その要約した内容についての**あなた自身のコメントを書く**ことです。他人の本の文章をそのままそっくり書き写して，しかも何のコメントも書かないレポートなどは提出しないほうが賢明です。

1つのテーマを与えられてのレポート課題の場合は，まず，そのテーマに関する調査や文献資料の検索と読み込みを経て，起承転結のメリハリをはっきりさせた構成を考えます。執筆にあたっては，自分の文脈の中で内容を展開することが大事です。また，引用や参照資料の厳格な明示は特に注意する必要があります。

(3) 学習サークル

　難関の司法試験や教員採用試験，公務員試験などに，毎年たくさんの合格者を出している大学では，**学生による自主的な**「**学習サークル**」が，伝統的に盛んであると聞きます。勉強は，コツコツ1人でやるよりは，何人かで集まって**教え教わるプロセス**を通じてこそ大きな成果が上がります。研究は，テーマによっては，1人でコツコツと取り組む孤独な作業の積み重ねですが，それでも，そうして得た研究成果は，ゼミ発表会や学会などで**オープンな批判にさらされてこそ，さらにその研究は深まっていきます**。あなたが，大学で何かを勉強，研究したいと思ったら，まずそうした「サークル」を学内で探してみて下さい。もしなければ，仲間を募り新しく「学習サークル」をつくってしまえばよいのです。1つのサークルを新しくつくるためには，さまざまな苦労が伴いますが，そうした苦労はすべてあなたの**社会人（職業人）**能力を高めてくれる肥やしになります。

(4) 「オフィスアワー」の活用

　最近では日本の大学でも，教員が自分の研究室に「オフィスアワー」を定めて，その時間帯にはいつでも学生の学習上の相談や質問に対応しているところが増えました。この制度を利用しない手はありません。個人的に質問をしたり，教員に話しかけるのは苦手だという人も，オフィスアワーなら一切の気兼ねはいりません。「忙しいから，また後で」と断られることもありません。教員との1対1の会話で，その教員の授業にいっそうの興味が湧いてくる場合があります。

　大学での教員との出会いは重要です。しばしば，運命的な出会いに発展することがあります。大学で**生涯の恩師**を得たたくさんの実例があります。

> **point** 　　　　　知識は人に教えることで深まる！

スタディスキルⅡ

(1) プレゼンテーション

　プレゼンテーション（以後プレゼンと略します）の技法は，是が非でもマスターしておきたい能力の1つです。授業やゼミでの研究発表，クラブ活動などでもしばしばプレゼンの機会はめぐってきます。もちろん，卒業後の**社会人（職業人）**生活の中でも，その能力であなたの評価は大きく左右されます。私たちが，**社会の中で生きていくことすべてが一種のプレゼンの連続**です。

　どれほど優れたアイデアを持っていても，それを正確にしかも相手が納得する形で伝えることができなければ何の価値もありません。**プレゼンは，「自分の主張を正確に，しかも相手が心から納得するように伝える」**ことですが，当然のことながら，**プレゼンターのあなたが自分の性格を活かした個性的な技法を確立することが大事**です。人のものまねによる表現方法は，板につかず，なんとなくぎこちなく失敗してしまいます。プレゼンの自分のスタイルを，ぜひ**在学中に発見し，熟成させ，完成させて下さい**。

(2) レジメ

　レジメとは「要旨」という意味ですが，**プレゼンには欠かせないもの**です。プレゼンは口頭で行われるのが一般的ですので，聴衆は話を聞くだけでなく，その話の要旨が記されたレジメが手元にあることでプレゼン内容の重要な点を聞き逃す心配がなく理解することができます。

　レジメは，簡潔に作られていることが大事です。30分間のプレゼンならば，A4版に40字×40行の横書き1枚で十分です。**プレゼンのタイトル，日付け，時間，場所，会議名，プレゼンターの名前をレジメの冒頭に書き**，その下に2～3行程度を空けて，プレゼン内容の趣旨をまとめた5～6行の文章，続いて話の順番にそって話の項目を書きます。その際に，**字の大きさなど，レイアウトを工夫して品良く作成**します。やたらと飾り文字などを使うことは控えたいものです。また，最後に，プレゼン内容を示したいくつかのキーワードを上げておくのも効果的です。プレゼンが，パワーポイントを使って行われる場合には，画面の1枚1枚を印刷したものをコピーしてレジメに代えることができま

す。

(3) 読書

　本を読むのが嫌いで，ほとんど本を読まないという人がいますが，大学生になったらそうも言ってはいられません。読書は，どんな学部，専門，専攻であっても必要不可欠な能力です。読書の能力を磨いていかなければ，大学での勉強は成り立ちません。読書は大学を卒業してからのあなたの生き方にも大きな影響力を及ぼし続けます。読書は，在学中に是が非でも習得しておかなくてはならない最も重要な能力の1つです。

　では，読書によってどんな効用が得られるのでしょうか。まず，あなたの**表現力**が豊かになります。それに**想像力**が増します。たとえば，あなたはこんな経験をしたことはないでしょうか。ある小説が映画化された時，原作の小説を読んでから映画を観てがっかりした経験です。原作を読んであなたの無限の想像力でつくられた世界と比べて，実際に映像化された世界は表現の技術的な制約からしばしば貧弱なものに感じるのです。

　読書によって，あなたの**構想力**が鍛えられます。構想力は，物事を組み立てていく能力です。また，本は言葉で書かれていますから，読書，つまり本を読むことは，**無数の言葉との出合い**なのです。読書によって，あなたは**多くの新しい言葉を習得する**ことができます。言葉の数を，その使い方を含めてどれだけ多く知っているかは，あなたの**感情表現の豊かさ**だけでなく，あなたの**思索力の広さと深さ**にも影響してきます。私たちは，日常いつも言葉で考え，言葉で表現する社会で生きています。人生は，「人との出会い，本との出合い，自分との出会い」（板垣與一）だといいますから，読書のない人生は考えられません。

　読書が嫌いという人は，多分，「読書の楽しさ」や「読書の喜び」の経験がまだないからなのだと思います。食わず嫌いのようになっているのではないでしょうか。読書が嫌いな人は，まず，小説から読書の楽しさを体験してみて下さい。電車の中で，文庫本を食い入るように読んでいる人をよく見かけますが，それほど人を惹きつける魅力が本にはあるのです。

> **point** 読書能力を磨くことは大きな学習課題の1つ！

自分流の学びの創造

(1) 図書館の活用と新聞研究

　最近の大学図書館は，学生である皆さんの「居場所」にできるほど，多様で快適な空間に造られています。書籍，雑誌，新聞，それにビデオやDVDなどの所蔵，利用もさることながら，通常の閲覧室の他にも，討論室や自習室，またパソコン等も自由に使えるフロアーを備えています。中には，博物館や美術館などを併設している図書館もあります。大学図書館は**大学が最も力を入れている施設の1つ**ですから，皆さんとしては大いに利用しない手はありません。

　もちろん，**図書館は目的もなくただ集まっておしゃべりする場所ではありません**。そうした場所としては，部室，学食，学内カフェなどがあります。図書館の場合は，同じ「居場所」でも，いわば「**知の居場所**」ですから，そこの静寂な雰囲気の中で，多くの情報を目のあたりにして知的にすごす，そんな「居場所」として，なじみを持ってほしいのです。

　ところで，図書館の活用の仕方については，ここでは一例として**新聞閲覧の活用**を考えてみます。先日，私が勤務する大学の1年生のゼミで，「皆さんは新聞を毎日読みますか？」と聞きましたら，ほとんどの人が「読まなくても不自由を感じない」と答えました。そこで私は，こんな提案をしました。「1週間の授業時間のうちで，空いている自分の都合のよい時間に，最低2コマの『新聞研究』という科目を自分でつくって，その時間は図書館の『新聞閲覧室』で各紙の新聞を読み，興味のある記事があれば，コピーなりノートにメモをとってみて下さい」と。これを1年間続けるだけで，あなたは大変幅の広い上質な情報を手に入れることができ，あなたの普段の会話内容を格段に豊かなものにしてくれるはずです。そのことが，後々，あなたが**教養ある社会人（職業人）**としての常識を身につけることにつながっていきます。

(2) 旅の効用

　授業に啓発されて，学生自身が自分のテーマを見つけて，それを自由にやり遂げる。この形が，大学の学びの，最もダイナミックな**最高の教育のあり方**であるように思います。

私のゼミ生に，春夏冬休みの長期休暇には，ほとんど日本にいない学生がいました。彼は，バックパッカーになって，アジア，中近東を1人で旅をしていたのです。当時，中近東は政情不安定でかなり危険な地域でもあったのですが，彼は周到な準備をして出かけ，自分の目と耳でアジアや中近東の人々の暮らしぶりや経済状況などを文字通りに肌に感じとって，卒業論文を書き上げました。

彼のそうした**積極的な旅**が，彼の中に，**優れた行動力，用意周到さ，人間的な幅の広さ**，優しさなどを養い，彼は4年次の早い時期に，世界に展開する日本の一流企業に就職が内定したのでした。入社試験の面接では，面接官の全員が彼の巧みな冒険旅行の話に思わず引き込まれてしまったという話を，彼が卒業して1年ほどたった頃，風の頼りにその企業の方から聞きました。

(3) 授業から飛び出した実践

私が担当する授業で，「フィールドワーク」という科目があります。ある年度の授業テーマは，「まちづくり」でした。授業では，「まちづくり」に取り組んでいるある団体の活動を調査したのですが，調査を進めているうちに，その団体が主催している「エコ・グリーン・土曜マーケット」に，学生たちも「カフェ」を出店することで「まちづくり」活動に直接参加することになりました。大学祭などでの「模擬店」とは違います。そこでは，高い水準の本格的な「カフェ」のレベルが要求されました。この科目は，「カフェ」経営を学ぶことを目的とはしていませんから，明らかに授業の教育目的からは飛び出してしまっています。もちろん，授業の調査は調査として，最終的には調査結果をレポートにまとめて提出したのですが，学生たちは「カフェ」経営の**実践**のほうに強い興味を示していきました。**授業時間をはるかに越える時間を喜んで費やし，次々に起こる問題を自分たちで解決して**「カフェ」経営を成功させたのです。やがて学期が終わり，その「カフェ」は閉店になりましたが，学生たちは，別の商店街の空き店舗を借りて実際に「カフェ」を起業したのです。

 授業はただ聴いているだけでは身につかない！

1.12 キャリア教育の範囲

アルバイト，サークル活動，ボランティア活動とキャリア教育

(1) アルバイト

　日本の大学生のほとんどが，何らかのアルバイトをしています。なぜ，アルバイトをするのかといえば，小遣い稼ぎ，ゼミやクラブ活動の合宿費用のため，中には授業料などの学資や生活費のために働いている人もいます。アルバイト時間は，週に2～3回で1日に4～5時間程度のようですが，土日，夏休み，冬休みを利用して集中的に働く人もいます。アルバイト先としては，学習塾，コンビニエンスストア，ファミリーレストラン，居酒屋，喫茶店，警備員，道路工事の交通整理などさまざまです。

　さて，アルバイトをすることで，あなたのキャリア教育にとって何がどのように役に立つのか考えてみましょう。アルバイトであっても，実際に賃金をもらって働くわけですから，あなたは実際の厳しい真剣勝負の職場体験をすることになります。実際の職場を体験することで，あなたは「職場の約束事や規則を守ること」「仕事を覚えること」「職場の人間関係を築くこと」などを学ぶことができます。しかも，労働の対価として「賃金を得ること」で，労働の厳しさと喜びも体験するはずです。問題は，こうした体験をあなたがきちんと自覚しているかどうかで，アルバイトがあなたのキャリア教育に役に立つかどうかが決まります。学生がアルバイトをする場合，ただ漫然と身体を動かすだけであったり，お金を稼げるならばどんなアルバイトでもよいという割り切り方は禁物です。たとえ，**アルバイトでもその職種は，自分の将来や関心に照らし合わせて選ぶことが肝心**です。アルバイトでさえも，あなたの職業能力や将来のために役に立たせるのが，キャリア教育の立場です。**あなたが大学生である18歳から22歳の期間は，何事もあなたの将来のための修行期間，自分への投資の期間**であるわけですから。

　ところで，学生アルバイトで，一番気をつけなければならないことは，「やりすぎる」ことです。それは，単に時間的なやりすぎも問題ですが，職種の問題も重大です。学生の場合，アルバイトは，あくまでも心身のうえで，学業に差しさわりのない範囲でするのが原則です。コンビニエンスストア，居酒屋な

どで深夜・朝方までアルバイトをして，昼間の授業中は寝ている生活になってしまったら何のためのアルバイトなのかわからなくなります。また，社会的に受け入れられない犯罪すれすれのアルバイトは論外です。

(2) サークル活動

　大学時代のサークル活動は，あなたのキャリア教育に大いに役に立つ活動の1つです。そのサークルが，どんな種類のものであってもかまいません。体育系，文化系，音楽系，学習サークル等々。なぜ，サークル活動が，あなたのキャリア教育に役に立つかといえば，大学の授業では得られないさまざまな有益な経験ができるからです。たとえば，学生サークルで，リーダーになった場合には，**リーダーとしての能力（指導力，企画力，実行力，積極性，人間関係調整など）** を養うことができます。あるいは**会計を分担すれば，簿記の基本，決算・予算書作成などが実践的に習得**できます。それらは，教室内で学ぶよりははるかに**緊張感を持って習得できる機会**なのです。さらに，大学時代のサークル活動で苦楽を共にした友人は，**生涯の友人として一生の財産**になります。

(3) ボランティア活動

　現代社会は，ボランティア社会といわれるほどさまざまな分野でボランティア活動が行われています。福祉，教育，行政，文化，まちづくり，交通，災害時など。ボランティアは，今や私たちの社会生活にはなくてはならないものです。そうした社会にあっては，**ボランティア活動は，職業人としての能力（責任感，人脈づくり，倫理観，社会貢献）を高めるためにも実に有効**です。

　大学時代に何らかのボランティア活動を継続的に体験しておくことで，あなたの**人間としての深み，優しさ，魅力**がつくられていきます。そうしてつくられたあなたの魅力を，社会や企業は求めています。**ガチガチの企業戦士は過去のもの**となりました。その意味で，ボランティア活動は，確かなキャリア教育の1つであるといえます。あなたが将来どのような職業人になるにせよ，ボランティアで培ったあなたの経験は**あなたの大きな自信**になるはずです。

> **point** アルバイト，サークル活動，ボランティア活動でキャリアを磨く！

1.13 キャリア教育の範囲

キャリア教育としての経済教育の内容 I

　経済学は，人間社会の本質を理解するうえで役に立つ学問ですが，あなた自身が直接にかかわる形ではつくられていません。それに対して，**キャリア教育は，直接にあなた自身を理解し育てるようにつくられている学問**です。したがって，キャリア教育と経済教育は，お互いに補い合うクルマの両輪のような関係にあると言えます。ここでは，キャリア教育の立場から，取り上げるべき経済教育の内容について考えてみます。

(1) 社会認識の方法

　経済学は，現代社会を客観的に認識するために有効な社会科学の1つです。社会科学は，**現実を「ありのまま」（客観的に）に捉えることのできる方法を**提供してくれるものです。私たちは，何かの行動を起こす場合，まず，正確なありのままの事態を把握できなければ有効な対策はとれません。事態を間違って捉えた対応は，事態を改善することはおろか，逆に事態を悪化させてしまいます。つまり，**社会科学である経済学は，事態をその本質にさかのぼって客観的に認識する眼をつくり，自分が望まない事態でも逃げることなく冷静に直視できる勇気を養ってくれる学問**でもあるのです。そうした経済学的な見識を取り込むことによって，キャリア教育はいっそう強固に補強されるはずです。「キャリア学」という学問は，まだ体系的に完成されているとは言えないので，当面，経済学の社会科学性を取り込むことによって，社会科学としてのメリットを得たいと思うのです。**社会科学であることは，認識の客観性，論理的整合性，公開性，発展性，社会性を保障してくれるもので，その学問や教育の独断や独裁，密室性，硬直性，停滞を最低限防ぐことができます。**

(2) 消費者・生産者教育

　消費者教育は最も身近な課題です。まず，あなた自身が「**賢い消費者**」になることを，経済教育の中から学ぶことができます。「賢い消費者」は，あなたとあなたの家族の身を守るだけでなく，**経済社会の消費，生産活動をも安定させ，落ち着いた質の高い経済社会の仕組みづくりに貢献します。**「賢い消費者」とは，日常生活品での購買において，風説や安易な低価格に惑わされることな

く，また刹那的ではなく，将来のことを見据えて常に無駄のない消費行動をとれる消費者のことです。最近では，包装の簡略化，ごみのリサイクル，地域生産地域消費，産地直送，色や形にとらわれない野菜・果物選びなど，**「賢い消費者」**の視野と行動は広く，深く理性的な展開を見せています。

さて，あなたは生活人としての消費者であると同時に，職業人として生産者の立場に置かれますので，**「賢い生産者」**であるためのノウハウも，**経済教育の中から学んでほしい**と思います。「賢い生産者」とは，生産活動を合理的に展開する知恵であり知識を実践できる人です。それは，会社という組織だけに必要になるものではなく，個人経営による生産活動にも言えることです。そうした，広い知識の習得には，経済学の視点と方法は有効です。

(3) 会計（簿記）教育と金銭教育

会計（簿記）の基礎知識も，あなたのキャリア形成にとっては，不可欠な経済的知識です。**会計（簿記）の知識**は，単に会計（簿記）の仕組みや数値管理の問題だけではなく，あなたの合理的な思考を形成するうえで重要な役割を持っています。

また，金銭教育とは，要するに，あなた自身の個人的なお金の使い方の問題です。この問題は，「賢い消費者」とも「金融・財政教育」とも違います。なぜ，大学生の段階でお金の使い方が問題になるかといえば，こうした実例があるからです。もう10年も前になりますが，私のゼミ生A君が，同じゼミ生の間で金銭トラブルを起こしたのです。アルバイト先で知り合った女性とのデート代やプレゼント代に5人の友だちから次から次にお金を借りて，約束の期日に返せなくなってしまったのです。結局，A君の保護者に支払ってもらうことになったのですが，このことでA君は一気に友だちの信頼を失ってしまいました。日常生活で必要なお金は，人に借りてはならないのです。**自分の収入の範囲内に日常生活の支出を抑えるという鉄則**を知らなくてはなりません。一見，便利な「消費者ローン」は，しばしばこの鉄則を狂わせてしまいます。**余裕のある生活は，収入が増えてからの楽しみ**なのです。収入が増える前の贅沢な生活は危険です。

> **point** キャリア教育と経済教育とは車の両輪の関係！

1.14 キャリア教育の範囲

キャリア教育としての経済教育の内容Ⅱ

(1) 金融・財政教育

現代経済社会は，金融資本主義と言われるくらいに，金融が経済活動の重要な役割を果たすようになっています。それは，個人においても同様で，1.13で述べた「金銭教育」（お金の使い方）とは別な意味で，あなたの**生涯にわたって必要になる知識**です。銀行，保険などの活用知識は，あなた自身の生活設計に直接かかわってきますので，経済教育の中で，あくまでも自分の場合を想定するスタンスで学んでみて下さい。国や地方自治の財政についても，その**財源はあなた自身が納税する税金**なわけですから，当然知っておかなければならない分野です。財政運営を政治家や官僚任せにしておいたのでは，現在問題になっているずさんな年金管理や税金の無駄遣い，利権が絡んだ不適切な公共事業に大事な財源を湯水のように使われてしまいます。大学教育によって，社会のリーダーになることを期待されている皆さんは，こうした分野の勉強も欠かせないものなのです。

(2) 経済・労働の法律

現代社会の秩序は，すべて法律によって裏づけられています。経済についても同じです。ですから，**経済活動についての法律の知識**がないと，知らないうちに犯罪者になってしまうことがあります。経済の法律を知らなかったり，間違って解釈していたりして，「お金を儲けることが，そんなにいけないことなんですか？」と，自分のどこが悪かったのかさえわからなくなってしまうような「蛸壺」の世界に入ってしまうことがあります。特に，一気に事業に成功した人の「おごり」は，しばしば転落への道をたどることになってしまいます。

また，あなたが働くうえで，当然の権利とその身の安全を守るのに必要な労働の法律や，それらの法律が適正に施行されているかを判断してくれる「**労働基準監督署**」や，あなたの職探しや職能開発を支援してくれる「ハローワーク」，各種の「**職業訓練校**」などの存在や仕組みなども知っておく必要があります。特に，「**労働基準法**」など，不当な労働条件からあなた自身を守ってくれる法律，条令などもしっかり学んでおく必要があります。それらは，あなた

が大学に在籍していればこそ，容易に学ぶことができます。

(3) 経済倫理

これは，消費者にも生産者にも，また金融・財政に携わるすべての人に言えることですが，経済の法律に違反することは，厳格に避けなくてはなりません。食品の産地偽装や，賞味期限のごまかし，偽ブランド，密輸，贈収賄，インサイダー取引，粉飾決算，脱税など，**多種多様な経済倫理の崩壊**が起こっています。あなた自身がそうした事件を起こしたり，悪事に巻き込まれないためにも，**こうした経済倫理の崩壊を，実際の事件を教材にして経済教育の中で学ぶこと**は，キャリア教育にとっては重要な部分です。

しかし，経済倫理の崩壊を事例研究でどれほど学んだところで，そうした経済倫理の崩壊をどうしたら防ぐことができるのかを根本的なところで学ばなければ何の意味もありません。法律を犯した経済犯は，「経営に行きづまってやむにやまれず法律を犯してしまう場合」「利益を上げるために手段を選ばず法律を犯す場合」「法律を知らないために犯してしまう場合」「騙されて法律を犯す場合」などさまざまですが，法律違反ぎりぎりのグレーゾーンを探すという姑息な手段ではなく，どうしたら公明正大，堂々とした経済活動ができるのか，その方法と同時に，**法律を犯す誘惑に屈しない強靭な順法精神**をどのように自分の中に育てていくのか，これもまたキャリア教育の重要な課題の1つです。最近，問題になっている産地偽装や，賞味期限のごまかしなどは，その多くが経営者からの指示で行われてしまっていますが，ほとんどが従業員の内部告発で発覚しています。このことは，従業員の人たちの社会的責任意識が高まっていて，日本の生産現場がある程度成熟してきている証拠だと思います。

> **point** 経済活動に関する法律の知識と勇気があなたを守る！

1.15 キャリア教育の範囲

キャリア教育を使いこなすために

（1）「面倒くさい」は使わない

　大学生活の日常の中で，たとえば学内で放課後に講演会が開催され，教員からも友だちからも勧められて行くかどうか迷ったとします。その時に，もし，講演会に行かない理由として「面倒くさい」しか頭に浮かばない場合，そうした講演会には「行く」決断をするという原則をあらかじめ自分の中に決めておくと，**停滞気味の日常生活**をガラっと活発なものに変えることができます。人は，「本当はやるべきだ」と思っていても，頭のどこかで「やらないで済む理由」をあれこれ考えているものです。その理由の1つで一番多いのは「面倒くさい」の一言です。「**我が辞書に面倒くさいの言葉はない**」をあなたの格言としてはいかがでしょうか。また，もしあなたが**より高度な学生生活**を目指すならば，自分の周りの人たちに対して「**忙しい**」「**疲れた**」という**言葉を連発しないこと**も，効果的です。ちなみに私のゼミでは「面倒くさい，忙しい，疲れた」は三大禁句になっています。

（2）行動指針としてのPATOSE

　PATOSEとは私の造語で，PはPowerful（力強く），AはActivity（活動的），TはToughness（忍耐強く打たれ強い），OはOpen mind（開かれた心），SはSpeedy（やるべきことはさっさと実行する），EはElegant（品格がある）を表します。ギリシャ語にパトス（PATHOS）という言葉があり「衝動，情念」を意味して，ロゴスの「理性」，エートスの「精神」に対応する言葉としてギリシャ哲学の核心をなしている重要な概念になっています。ここでのPATOSEは，ギリシャ語のPATHOSにも通じるものです。日頃の大学生活全般を，力強く，活動的に，忍耐強く，開かれた心で，スピーディに，しかもエレガントに，満たされた熱い情念，自分に正直な衝動に突き動かされるような純粋さを持って送る。こうした「高み」に自分を置いてみることも必要です。

（3）授業に緊張感をもたらす

　1.5～1.7で「授業のマナー」について，個々にその本質的な説明をしてきましたが，ここでは，それらのマナーをどのように実践できるか，またどのよ

うにしたら**実践したくなるような気分になれる**のかについて考えてみます。

　学生が授業にその内容如何にかかわらず緊張感をもって臨む方法・手段・考え方には、人それぞれにさまざまなものがあります。それらは皆さんの先輩たちが懸命になって考え工夫して到達したものです。そのいくつかを紹介しましょう。**体調管理の徹底**（前日の十分な睡眠），**教壇に近い席に座る**，仲の良い友達と離れた席に座る，授業の途中でも挙手をして質問をする機会を狙う，**メモをとる**，この授業時間を学費で買っていることを思い出す，**授業終了後に教員に話しかける話題を授業の中に探す**，この授業が将来の自分の進路選択にどのように役に立つのかを考える，この授業が将来の自分の就職活動である会社説明会だとしたら自分はどのように立ち振る舞うべきかを考える，**会社説明会では目を輝かせ礼儀正しく爽やかな発声で適切な質問ができるようにその練習のつもりで授業を受ける**。

　学生は，日頃の授業について，その知識内容だけを求めるのではなく「**授業全体を通じて全人格的に大人になる**」ためのレッスンだと考えてみてはどうでしょうか。実は，これこそが学生主体（学生中心）の**キャリア教育の根本理念**につながるものだと思います。

（4）食欲は知識欲に通じる

　私がまだ学生であったころ，先生に招かれて会食をしたことがありました。その時に学生たちは緊張のあまりほとんど料理に手を付けることが出来ずにいましたら，先生から「食欲は知識欲に通じるものだよ」と笑いながら，しかし真剣に言われたことを思い出します。

　大学学部教育における学業とは，知識の集積が5割，分析と理論化が3割，残り2割が実践的思考の育成だと考えられますが，この5割の**知識が貧弱**であっては実践力に「**確かさ**」と「**力強さ**」が欠けるものになってしまいます。京セラ創業者の稲盛和夫氏は，社員採用試験に当たって「**自燃性**」（自ら燃える人）を評価するとしていますが，**自ら燃える生き方を根本で支えるのが食欲に限りなく近いほどの本能的な知識欲**であると言っても良いのではないでしょうか。

授業は学生を大人にする！

COLUMN

❖❖❖ 時間の使い方はあなたの人生そのもの ❖❖❖

　あなたに与えられた時間は1日に24時間です。しかも，あなたの身体は1つですから2つのことを同時にはできません。あなたは，1つの何かをやれば他の何かをやることはできません。1回限りの，その時とその場所の選択。人はいつもそうした究極の選択を余儀なくさせられ，限られた時間と空間の中に生きているわけです。特に，時間の使い方は，大学生活だけでなくあなたの将来（人生）を左右する最も重大な要因なのです。

　それにしても，時間というのは考えれば考えるほど不思議なものです。地球の1日24時間は，地球が1回自転する「間」にすぎないわけですが，それが私たちの命を完全に支配しているわけですから。

❖❖❖ あなたを成長させてくれる仕事（職場） ❖❖❖

　もちろん，働くことは楽なことばかりではありません。しかも，厳しい責任の伴うことです。風邪で少しくらいの熱があっても，簡単に仕事を休むわけにはいかないこともあります。それでも，働くことを楽しみとして考えるということは可能なのでしょうか？　いっそうのこと，働くことは辛い苦しいことだからと割り切って，むしろ働く時間以外の時間を充実させることを考える労働観もあるでしょう。しかし，それは働くことそれ自体に人生の意味を見つけることはしない「疎外された労働者」にみずからをおとしめてしまう生き方です。労働時間が1日8時間で，たとえそれが1日の「3分の1」の時間にしても，かけがえのないあなたの命の時間です。あなたの人生そのものです。やはり，その「3分の1」も充実した楽しい時間であることに越したことはありません。

　働くことが，もし，苦しく辛いことに思えたら，その仕事（職場）は，あなたに生き甲斐と成長を与えてくれる「天職」ではないのだと思います。また，その仕事をすることで自分の欠点やいやな面が出てきてしまう仕事（職場）でしたら，「転職」を考えるべきです。楽しく，しかも自分の良い面を出すことができ，人間的に成長できる仕事（職場）でなくては，働く意味はありません。そのような職場に出会うための，また，そうした職場をあなた自身がつくるための意識を持つことをお勧めします。

第2章

大学で将来のキャリアを考える
——キャリア教育

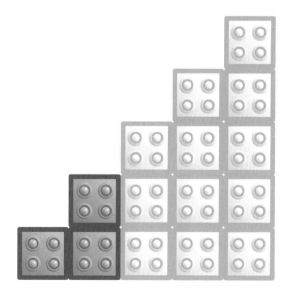

2.1 キャリア教育の意義

なぜ今「キャリア教育」なのか
—ユニバーサル化とグローバル化のはざまで—

(1) 大学におけるキャリア教育の広がり

　唐突ですが質問です。あなたは「キャリア教育」という言葉を聞いたことがありますか？　本書を第1章から読み進めている人は，すでにこの言葉に出合っていることでしょうし，そもそもこの本を手にしている皆さんの多くは，大学で今まさにキャリア教育の授業を受けているかもしれませんね。

　実際，キャリア教育を単位が認定される**正課科目**として実施している大学では，進路選択や就職活動を具体的に意識せざるを得ない3年生を対象としたものに加え，1・2年生のような**低年次向けのキャリア教育**に力を入れているところも多く，そうした大学では**入学から卒業までの学生生活全体を視野に入れた体系的なキャリア教育**を展開しています。それでは，なぜ今多くの大学でキャリア教育が熱心に取り組まれているのでしょうか。

(2) 大学のユニバーサル化とキャリア教育

　現在の日本では，高校を卒業した生徒の**大学・短大への進学率が50％を超**えています。しかしこの数字は，多くの若者が旺盛な向学心と前向きな進学意欲を示した結果であると簡単には言えません。ここに，「**大学のユニバーサル化**」と呼ばれる段階を迎えた日本の大学教育界の課題が存在しています。すなわち，18歳人口の減少が続く中で大学側は「生き残り」のために入学者の確保に躍起になったこともあり，入学してくる**学生の多様化**に直面しました。その結果，キャンパスに迎え入れた彼らが必ずしも明確な将来展望や目的意識を持っているとは限らず，大学としてこの問題への対処を迫られるにいたったのです。

(3) 経済・社会のグローバル化とキャリア教育

　また，近年の日本の大学においてキャリア教育が必要とされる背景がもう1つあります。それは，経済・社会の「**グローバル化**」の影響です。すなわち，ヒト・モノ・カネの流れが全世界的規模で展開し，それにともなって国や企業はおろか一個人にいたるまで，たゆまぬ競争とそのための変革を余儀なくされる時代に突入しています。このグローバル化のインパクトは，特に1990年代

以降,日本人が職業上のキャリアを形成するうえでこれまで暗黙のうちに前提としてきたさまざまな「常識」の崩壊をもたらしました。この「常識」の崩壊は,なかでも若者にとっては,①学校卒業後すぐに正社員として就職し,②そこに長く勤め続けることで能力を高めながら,③その能力の高まりに応じて昇給や昇進が実現する,という想定の大きなゆらぎを意味したのです。さらには,企業や産業の先行きもますます不透明化し,新しい産業が急成長する一方では,世界的な巨大企業ですらきっかけしだいでいとも簡単に存続の危機に瀕する状況が到来しています。そのため,いかにも日本的な「寄らば大樹の陰」という発想の大企業信仰や公務員志向の危うさも鮮明になってきました。

(4) 時代の要請としてのキャリア教育

あなたが今大学生であるということは,あなたの人生において大きな意味を持つ**キャリア**であると言えます。また,高校卒業後すぐに就職するのではなく大学に進学したということは,それ自体がすでに1つの**キャリアデザイン**の結果であると言えます(なおキャリアおよびキャリアデザインとは何かについては,後の**2.5**と**2.8**で詳しく取り上げます)。しかしより重要なのは,大学生であるというキャリアや大学に進学したというキャリアデザインを将来のさらなるキャリアやキャリアデザインへと発展的につなげるべく,**大学卒業後の生き方や働き方を視野に入れて日々の学生生活を送ることができているか**,ということです。

先述したように,ユニバーサル化した大学から一歩外へ出た社会は,グローバル化のもとで変化に対応する自律的能力を私たちに求めています。だからこそ,「仕事」に代表される社会とのかかわり方とみずからの生き方との関係について大学在学中から考え,**主体的・能動的・積極的な行動力を身につけること**がいっそう重要になっています。

そこで多くの大学ではキャリア教育を通じて,大学卒業後の進路選択(就職・進学)を視野に入れたうえで**大学生であるということの意味と意義**を理解させ,**充実した学生生活への動機づけ**を行っているのです。

 時代の大きなうねりの中でキャリア教育が求められている!

2.2 キャリア教育の意義
社会は大学生に何を期待しているのか

(1) 社会は大学生のどこをみているのか：企業の採用活動の場合

　日本の社会は今の大学生に何を期待しているのでしょうか。それを知る重要なヒントとして，ここでは企業の採用活動の特徴を見ることにしましょう。

　日本では，学校を卒業してただちに就職する見込みの者を，「**新規学卒者**」，あるいは略して「**新卒者**」と呼びます。そして彼らを企業や公的機関が一括採用する独特のシステムが発達しています。この採用システムにはいくつかの特徴がありますが（詳細は第3章にて取り上げます），その1つに，**学生生活のすごし方を見ることで実際に働いてからの能力や成長可能性を推し測り，採用するかどうかの判断材料としている**点があげられます。現実に，エントリーシートと呼ばれる選考書類や面接試験の場でも，「**学生生活で最も打ち込んだことは何ですか**」という質問がよくされます。こうした問いを糸口として，応募者の評価を行っていきます。ですから，学歴上はいくら「大卒」であっても，出席管理が厳しい授業にだけ出て，あとは単なる時間の切り売り的なアルバイトや享楽的な遊び三昧という学生生活では，質問にも満足に答えられない空虚な4年間を露呈してしまうことになります。

(2) 社会が期待している基礎的能力

　若者のキャリアをめぐる問題を政策課題としているいくつかの中央省庁やシンクタンクなどでは，若者に対して社会が求める基礎的能力とは何かについて調査・検討を行い，その結果を相次いで発表してきました。その代表的なものが，経済産業省が中心となって2006年に取りまとめた「**社会人基礎力**」です。これは，「職場や地域社会で多様な人々と仕事をしていくために必要な基礎的な力」として，「**前に踏み出す力（アクション）**」，「**考え抜く力（シンキング）**」，「**チームで働く力（チームワーク）**」の3つの能力（12の能力要素）から構成されており，企業のほか大学でも強い関心を集めています（表2-1）。

(3) 社会が求める基礎力と学生生活のつながり

　ところで，普段の学生生活の中で社会が期待する基礎的能力を身につけることはできるのでしょうか。結論から言えば，大いに"YES"です。**大学での学**

表2-1 「社会人基礎力」の能力要素

分　類	能力要素	内　容
前に踏み出す力 （アクション）	主体性	物事に進んで取り組む力
	働きかけ力	他人に働きかけ巻き込む力
	実行力	目的を設定し確実に行動する力
考え抜く力 （シンキング）	課題発見力	現状を分析し目的や課題を明らかにする力
	計画力	課題の解決に向けたプロセスを明らかにし準備する力
	創造力	新しい価値を生み出す力
チームで働く力 （チームワーク）	発信力	自分の意見をわかりやすく伝える力
	傾聴力	相手の意見を丁寧に聴く力
	柔軟性	意見の違いや立場の違いを理解する力
	情況把握力	自分と周囲の人々や物事との関係性を理解する力
	規律性	社会のルールや人との約束を守る力
	ストレスコントロール力	ストレスの発生源に対応する力

経済産業省（2006年）『社会人基礎力に関する研究会「中間とりまとめ」』より

びは，社会が求める基礎的な能力ときわめて密接に関係しているのです。

　たとえば大学ではレポート作成を課されることが多いと思いますが，この「レポート」という課題は，積極的に取り組めば取り組むほど，テーマを探究し設定する力，テーマに即して情報を探索・収集する力，集めた情報を特定の視点のもとにまとまりのある文章に構成する力，などを育みます。レポートを「コピー＆ペースト」でごまかす学生の存在が問題視されていますが，その問題とは単に不正行為だからということだけでなく，実社会で評価される基礎的能力を伸ばす絶好の機会をみすみす逃している点にあるということを肝に銘じてほしいと思います。ほかにもゼミを教員とゼミ生で運営することは，ゼミの中で共有された学習目標の達成に向けて，周囲との協力を図りながらみずからの役割を果たすことが求められるので，「**コミュニケーション能力**」の向上が期待できます。つまり，**大学という社会の中で主体的・能動的に学生生活を送ることが，社会が求める基礎力の獲得につながる**，と言えるのです。

 大学は社会で生きてゆく基礎力を身につける絶好の場だ！

2.3 キャリア教育の意義

「仕事」とは何か
─日常の学生生活の中から考える─

(1) キャリア教育の文脈における「仕事」

　大学のキャリア教育において重要な目標の1つは，すでに述べてきたように**「仕事と人生とのつながり」**を在学中から理解することです。ただしここでいう「仕事」とは，就職活動を経て職業に就くことや職場で働くことを意味しているだけではない，もう少し広い概念です。では「仕事」には企業や公的機関で働くことや，自営業や自由業を営むことの他にいったい何が含まれるのでしょうか。あるいはそうしたさまざまな「仕事」に共通するもの，いわば**「仕事の本質」**とは何でしょうか。以下で少し分析的に考えてみましょう。

　「仕事」は，第1に**他者の存在を前提とした営み**です。ある行為や作業，活動が他者にとって意味を持つものであってはじめて，それが「仕事」となり得ます。単に個人的な興味・関心や満足感のみを前提とした営みであれば，そこにどれだけエネルギーを投入していたとしても，それは「趣味」や「遊び」と呼ぶべき性格のものです。したがって第2に，「仕事」は**他者への貢献が行動の基準となる営み**です。見方を変えれば，他者への貢献の度合いに応じて仕事の「出来」が決まるのです。つまり，**仕事の出来映えを評価するのは自分自身ではなく，他者**です。自分の仕事が他者から多くの喜びや満足，感動を引き出せた時，それは「よい仕事」をしたことを意味します。よって第3に，「仕事」は**他者からの評価が，みずからの報酬につながる営み**です。報酬には，賃金や給料だけでなく，やりがいをより感じる役割を任されることも含まれ，感謝やねぎらいの言葉をもらうことが何よりの報酬だと考える人もいます。重要なのは，報酬はいずれも**人々を自己実現に近づける要素を含んでいる**点です。

(2) 学生生活の中のさまざまな「仕事」

　「仕事」とは何か，その本質的な部分についてここまで考えてきました。さて，あなたはすでに気づいているでしょうか？　そうです。「仕事」とはなにも金銭を得るための労働（これを「有償労働」といいます）を指すだけではないのです。ボランティアや家事などの無償労働も「仕事」であるということです。さらに言えば，**日常の学生生活の中にも「仕事」はふんだんに存在する**の

です。たとえばゼミやクラブ・サークルの日常をイメージしてみて下さい。他のメンバーのことを考えずそれぞれが勝手気ままに行動するのではなく，組織のために，みんなのために，1人ひとりが与えられた役割をこなしたり，みずから率先して必要な行動をとったりすることで，組織はうまく機能し，高い成果を上げることができます。このように他のメンバーの存在を前提とした各自の頑張りにより組織に貢献すること，これこそまさしく**学生生活の中でのれっきとした「仕事」**ではないでしょうか。

ここで改めて2.2の内容を思い出して下さい。新規学卒者を採用する側は，学生生活のすごし方を評価の対象としているのでしたね。これを言い換えるならば，**学生生活の中での「仕事ぶり」を，採用するかどうかの判断基準にして**いるのです。すなわち学生時代の「仕事ぶり」をみれば，職業社会に入ってからの「仕事ぶり」が推測できるのです。

(3) 「仕事」の観点からみたフリーター・ニート

この本の読者で，フリーターやニートと呼ばれる人々の存在を知らない人はまずいないと思います。フリーター・ニートの問題を考える際には，彼ら自身の問題と，彼らのような立場を構造的に生み出す社会の問題とを慎重に分けて考える必要がありますが，ここではフリーターやニートについて，「仕事」の観点から考えてみましょう。

「仕事」の観点からいえば，彼らが抱える困難とは，**「よい仕事」につながる役割を与えられる機会が限られている**ということです。確かにフリーターが従事しているアルバイト労働は，「仕事」に違いありません。しかし，その労働内容の任され方や期待の程度は，正社員のそれに比べて限定的です（ただし近年，アルバイト労働者に正社員並みの働きぶりを強要する「**ブラックバイト**」とよばれる労働問題が深刻化しています）。ということは，評価に関する「天井」が見えています。したがって，評価をもとにした報酬にも限りがあるということです。報酬が限定的であるということは，**仕事を通じて社会とつながることで自己実現を目指す道も容易ではない**ことを意味するのです。フリーター経験がキャリアとして社会的に評価されにくいのは，こうした理由からです。

「よい仕事」をする機会は学生生活の中に豊富にある！

2.4 キャリア教育の意義

キャリア教育科目を受けるうえでの心構え

(1) 受講マナー再論：「仕事」の観点から考える

　キャリア教育科目を実際に受講するうえでの心構えの1つめとして，まず教室での受講マナーについて考えます。具体的に気をつけるべき点は，すでに第1章で述べたことがそのまま当てはまります。さらに第2章の視点から一言付け加えるならば，受講マナーの順守とは，「大人」である大学生を規則やルールで縛ろうというような逆行的発想のものでは決してありません。むしろ受講マナーを心がけることは，**キャンパスの中で自律的に「仕事のセンス」を磨く格好の機会**なのです。その理由を考えてみましょう。

　「仕事」とは，何より他者の存在を前提とした営みであると2.3で述べました。受講マナーも，授業という時間と空間を共有している他者の存在（つまり授業担当者と他の受講生のこと）を意識したうえで良好な授業環境の形成に貢献するものであり，それはまさしく「仕事」に他なりません。そうした受講生1人ひとりの自覚的なマナーに支えられた教室の雰囲気は，それに呼応した授業担当者から熱意ある濃密な授業を引き出し，その結果として受講生により多くの気づきと学びをもたらします。これこそ，「仕事」に対する「報酬」です。それに比べて第1章で指摘のあったマナー上問題のある行動は，いずれも他者への意識が欠落したものばかりで，「仕事」とは相容れないものであるということができます。ですからキャリア教育科目の受講生には以上のことを十分に理解したうえで，授業に臨んでほしいと思います。

(2) 授業での「インプット」を，授業外で「アウトカム」に

　受講の心構えとしてもう1つ認識しておいてほしいのは，キャリア教育科目の授業を「受けっぱなし」や「聞きっぱなし」のままで絶対に終わらせないということです。キャリア教育とは，単に既成の知識を学生に教え伝えるだけではなく，学生みずからの実践を促すための教育でもあります。したがって，授業で得た気づきや学びをノート上の記録だけにとどめるのではなく，学内外で活用してこそ，キャリアデザインの基盤となる学生生活の充実化につながるのです。言い換えれば，授業を通じて自分の中に「インプット」された気づきや

学びを，**学生生活内の他のフィールドへ「アウトカム」（学修成果）として波及・浸透させる**ことがきわめて重要です。そして「アウトカム」をキャリア教育科目の授業外で生み出すという姿勢こそが，キャリアデザイン，さらにはキャリア形成に必要となる主体性や積極性を高めることにつながるのです。ですから，各学部の専門教育科目，ゼミ，サークル活動，資格取得，アルバイト，ボランティア活動などへの取り組み姿勢に，キャリア教育科目で得た気づきや学びの成果を注ぎ込んでいきましょう。

（3）既存の授業やゼミと結びついてこそキャリア教育科目は活きてくる

　受講の心構えの最後として，大学の中ではまだまだ新参者のキャリア教育科目と，従来から存在する授業やゼミとの関係性について述べます。

　キャリア教育科目はそのバックボーンとして，さまざまな学問領域で明らかにされた「キャリア」や「働くこと」に関する研究成果を取り入れています。また，人文・社会科学系，自然科学系を問わず，学部の専門科目などを通じてこれまでに修得した（あるいはこれから修得する）知識・技術・技能が，社会や職業の中でどのような意味を持ち，実際にどのようなかたちで活用されているかを学生に理解させるのも，キャリア教育科目の大事な使命です。つまり皆さんにとっても大学でなじみのある**それだけ多くの学問が，何らかの形でキャリアデザインやキャリア形成について語り，論じることのできる言葉を持っている**のです。したがって，キャリア教育科目からの気づきや学びの意味を十分に理解できるようになると，**一般の授業やゼミの中からも，自分のキャリアデザインやキャリア形成にヒントを与えてくれる部分が見えてくる**のです。これは人文科学，社会科学，そして自然科学を問わずに言えることです。ですから，皆さんにはその「ヒント」を意識的に見つけてほしいのです。

　キャリア教育科目は，キャリアデザインを大学の中で最も強く支援している取り組みであることは間違いありませんが，それ単独でなし得ることは限られているのも事実です。つまり**学内の他の授業やゼミと相互に補完しあうことで高い相乗効果が得られる**もので，キャリア教育科目は**学生生活の活性化には欠くことのできない**ものなのです。

キャリア教育科目を起点に学生生活の活性化をはかろう！

2.5 キャリアデザイン・キャリア形成

キャリアって何？
―キャリアの意味と内容を知る―

　多くの人は，キャリアという言葉は知っていることでしょう。また，新聞や車内の広告でもキャリアという文字をよく見かけるのではないでしょうか？

　では，キャリア（career）とは何でしょうか。キャリアという言葉からは，すぐに**仕事**や**職業**が連想されますが，キャリアには仕事や職業のほか，さまざまな活動が含まれています。仕事をしていない人，職業に就いていない人，たとえば就職活動中の学生や，家事や育児に専念している女性，退職後の人生を楽しんでいる高齢者も，もちろんキャリアを持っています。

　また，キャリアに「進路」あるいは「経歴」という訳語を当てたこともあったようですが，「進路」というと未来のこと，「経歴」というと過去のことを指しているようにイメージしがちです。しかしながら，**キャリアには過去も現在も未来も含まれています**。

　最もわかりやすい一言で表現すれば，キャリアとは「**人生**」あるいは「**生き方**」のことです。キャリアには仕事や職業のほか，さまざまな勉強や学習，趣味やレジャー，ボランティアなどの社会的活動，家庭や家族とのかかわりまでもが含まれ，これらが生涯にわたって相互に関係しながら変化していきます。すなわち，**キャリアとは生涯発達において変化するさまざまな役割の統合とその連鎖**であり，キャリア発達研究の第一人者であるスーパー（Super, D. E.）は，これを**ライフキャリア・レインボウ**というモデルで示しています（図2-1）。

　スーパーは，キャリアを大きく**2つの視点**で捉えました。その1つが**発達段階**です。人生を以下の5つの段階に分け，それぞれの段階には特有の発達課題があり，人はその課題に取り組むことを通じて成長していくのだと考えています。

①**成長段階（0～14歳）**　自分がどういう人間であるかということを知り，職業的世界に対する積極的な態度を養い，働くことについての意味を深めます。

②**探索段階（15～24歳）**　職業についての希望を形づくり，その実践を通じて，現在の職業が自分の生涯にわたるものになるかどうかを考えます。

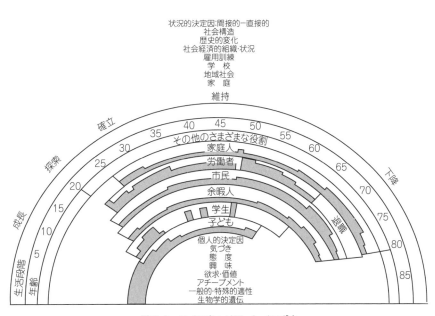

図2-1 ライフキャリア・レインボウ

渡辺三枝子・E. L. ハー（著）『キャリアカウンセリング入門』ナカニシヤ出版 2001年より

③**確立段階（25～44歳）** 職業への方向づけを確定し，その職業での自己確立を図ることが課題となります。

④**維持段階（45～64歳）** 達成した地位やその有利性を保持することに取り組みます。

⑤**下降段階（65歳以降）** 諸活動の減退，退職，第2の人生を楽しむことに興味や関心が注がれるようになります。

さらにもう1つ，スーパーが強調したのは，**人生における役割**です。人はさまざまな役割を担い，その役割に固有の活動を行いながら生きています。親との関係では「子ども」という役割，何かを学ぶという「学習者」としての役割，仕事に従事する「労働者」としての役割，家庭における家族とのかかわり，趣味やレジャーを楽しむことなどに，限られた時間やエネルギーを配分し，うまくバランスをとりながら，自分らしいキャリアを形成しているのです。

> **point** キャリアとは仕事・職業だけでなく，人生あるいは生き方のこと！

2.6 キャリアデザイン・キャリア形成

自分のキャリアを点検する

(1) 現在のキャリアについて考える

　キャリアには，仕事や職業のほか，さまざまな勉強や学習，趣味やレジャー，ボランティアなどの社会的活動，家庭や家族とのかかわりまでもが含まれますが，さまざまな役割の活動に費やす時間やエネルギーの量は人によって異なります。

　皆さんは，現在どのような役割に，どの程度の時間やエネルギーを費やしているでしょうか？　現在のキャリアを考えてみるために，**学習，仕事，社会的活動，家庭や家族，趣味やレジャーの5つの役割活動**について，その具体的な活動例を参照しながら，下の表2-2の空欄に，合計が100になるように点数を配分してみましょう。

表2-2　現在の私のキャリア

学習	
仕事	
社会的活動	
家庭や家族	
趣味やレジャー	
合計	100

【5つの役割活動の具体例】
① **学習**　講習を受けること／学校に行くこと（昼間・夜間クラス，講義・講演）／授業の予習・復習／図書館や自宅での勉強／独学で勉強すること
② **仕事**　給料をもらうために働くこと／利益をあげるために働くこと／役職や自分自身のために働くこと
③ **社会的活動**　ボーイスカウトやガールスカウト，社会福祉団体，町内会・自治会，政党，労働組合のような，地域社会団体での活動
④ **家庭や家族**　家の手伝いをすること／自宅や部屋の掃除／食事のあとかたづけ／買い物をすること／子どもや親の世話をすること
⑤ **趣味やレジャー**　スポーツをすること／テレビを見ること／趣味を楽しむこと／映画や芝居，コンサートに行くこと／読書／のんびりとくつろぐこと／家族や友だちと一緒に過ごすこと

さて，実際に点数の配分をしてみてどのように感じましたか？ 5つの役割活動のいずれにも，ある程度の数値があてはめられているというように，**バランスがとれていますか？** あるいは，5つの役割活動のある活動に，極端に大きな数値があてはめられていたり，逆にある役割活動は極端に小さな数値になっていたりということはなかったでしょうか？ 改めて，**なぜそのような点数配分になったのか**を考えてみるとよいでしょう。

(2) 将来のキャリアについて考える

では，大学を卒業したあと，たとえば25歳になった時のあなたのキャリアはどうなっているでしょうか？ あるいは，30歳代，40歳代，50歳代のあなたのキャリアは，現在と比べてどのように変化しているでしょうか？

将来，ある年齢になった時の自分のキャリアを想像して，下の表2-3に点数配分をしてみましょう。さらに，その年齢になった時に，そのようなキャリアを形成しているためには，どのような条件や準備が必要なのかを考えてみましょう。

表2-3 （　　）歳になった時の私のキャリア

学習	
仕事	
社会的活動	
家庭や家族	
趣味やレジャー	
合計	100

【そのようなキャリアを形成しているために必要な条件や準備は？】

①
②
③
④
⑤

5つの役割活動から自分のキャリアを考えてみる！

2.7 キャリアデザイン・キャリア形成

キャリアデザインの前に
―どのような人生を送りたい？―

　これからのキャリアについて考える前に，まず自分自身の人生や生き方，将来の職業や仕事について，どのような意識を持っているのかについて点検してみることからスタートしましょう。

　次の【A群】【B群】の項目を読んで，自分にどの程度あてはまるかを考えて下さい。そして，自分自身にどの程度あてはまるかを，「5：非常によくあてはまる」「4：かなりあてはまる」「3：ややあてはまる」「2：あまりあてはまらない」「1：ほとんどあてはまらない」の5段階で評定し，右端の（　）の中にその値を記入して下さい。

【A群】
1　私は，生きがいのある生活を送りたいと思う　　　　　　　　　　　（　）
2　私は，自分が本当に満足できる仕事につきたいと思う　　　　　　　（　）
3　私は，人間的に成長したいと思う　　　　　　　　　　　　　　　　（　）
4　私は，自分の人生をもっとすばらしいものにしたいと思う　　　　　（　）
5　私は，自分の得意なことをもっと伸ばしたいと思う　　　　　　　　（　）
【B群】
6　私は，自分が本当にやってみたい仕事が何なのかよくわかっている　（　）
7　私は，自分に合った生き方を見つけている　　　　　　　　　　　　（　）
8　私は，自分の将来の仕事や職業を決めることに不安を感じていない　（　）
9　私は，将来つきたいと思っている仕事の内容をよく理解している　　（　）
10　私は，将来の計画をしっかりと立てている　　　　　　　　　　　　（　）
11　私は，希望する職業につくために特別な勉強や準備をしている　　　（　）

（財）日本進路指導協会，1999より

　表2-4は，2015年7月に大学1・2年生を対象に実施した調査の結果です。【A群】の「1　私は，生きがいのある生活を送りたいと思う」「3　私は，人間的に成長したいと思う」などの自己実現を志向する内容を含んだ項目では，「5：非常によくあてはまる」「4：かなりあてはまる」という回答の合計が85％を超えており，「2　私は，自分が本当に満足できる仕事につきたいと思う」でも83.6％の学生がそのように回答していることがわかります。

表2-4 2015年 大学1・2年生（215名）の進路成熟の各項目の選択率（%）

項目内容	5	4	3	2	1
【A群】〈自己実現志向〉					
1　私は，生きがいのある生活を送りたいと思う	66.5	19.5	10.2	1.8	1.8
2　私は，自分が本当に満足できる仕事につきたいと思う	54.8	28.8	13.9	1.3	0.9
3　私は，人間的に成長したいと思う	61.3	24.6	11.1	1.8	0.9
4　私は，自分の人生をもっとすばらしいものにしたいと思う	59.1	20.0	17.2	2.7	0.9
5　私は，自分の得意なことをもっと伸ばしたいと思う	50.2	23.7	20.0	4.6	1.3
【B群】〈進路計画・決定〉					
6　私は，自分が本当にやってみたい仕事が何なのかよくわかっている	7.4	12.5	22.3	33.4	24.1
7　私は，自分に合った生き方を見つけている	4.1	9.3	25.5	40.9	20.0
8　私は，自分の将来の仕事や職業を決めることに不安を感じていない	3.7	10.2	10.6	35.8	39.5
9　私は，将来つきたいと思っている仕事の内容をよく理解している	2.7	7.9	24.6	32.5	32.1
10　私は，将来の計画をしっかりと立てている	2.7	5.1	24.6	40.9	26.5
11　私は，希望する職業につくために特別な勉強や準備をしている	2.3	7.4	26.5	32.5	31.1

項目評定値　5：非常によくあてはまる　4：かなりあてはまる　3：ややあてはまる　2：あまりあてはまらない　1：ほとんどあてはまらない

　しかしながら，【B群】の「7　私は，自分に合った生き方を見つけている」「10　私は，将来の計画をしっかりと立てている」など，将来の計画や決定に関係する項目では，「2：あまりあてはまらない」「1：ほとんどあてはまらない」という回答の合計が60%を超えているほか，「8　私は，自分の将来の仕事や職業を決めることに不安を感じていない」では，75.3%もの学生が「あてはまらない」いう方向で回答をしていることがわかります。

　大学1・2年生の多くは，生きがいや仕事での満足，人間的な成長を志向する一方で，自分に合った生き方や自分の就きたい仕事について明確なイメージが持てず，将来の計画もはっきりとしていないようです。このようなギャップが，将来の仕事や職業を決めることについての不安を生み出し，その勉強や準備になかなか取り組めないという状況につながっているのかもしれません。

　4年間の大学生活は，自己実現に向けての希望や期待を大切にしながら，自分に合った生き方を見つけたり，将来の計画を立てて，就きたいと思っている仕事や職業を理解し，その準備をすることなのです。

point　希望や期待を大切にしながらその実現に向けて計画や準備を進める！

2.8 キャリアデザイン・キャリア形成

キャリアデザインとキャリア教育

(1) キャリアデザインって何？

　キャリアデザインとは，**自分自身の将来の人生を積極的に設計**し，その夢や希望を実現するための方法を探索しながら，そのために必要な知恵と力を身につけることです。

　大学生であれば，まず「大学生活の4年間をどのように過ごすのか？」「大学を卒業してどのような人生を送るのか？」「これからの人生で，どのようなことを学び，どのような仕事を選択し，どのような趣味を持ち，どのような家庭生活を送りたいのか？」などという問いを自分に投げかけながら，自分の将来のキャリアをイメージしてみることです。そして，自分の将来のキャリアを実現するために，**今・ここで，何をどうすればよいか**を考え，そのための力，基本的な知識やスキルを少しずつ身につけていくことなのです。

(2) キャリア教育で身につける力

　では，どのような力を身につければよいのでしょうか？

　小学生の段階から，**将来をたくましく生きる力を育てる**ために，文部科学省が全国的に推進してきた取り組みがキャリア教育です。キャリア教育は，「1人ひとりの社会的・職業的自立に向け，必要な基盤となる能力や態度を育てることを通して，キャリア発達を促す教育」であるとされ，キャリア教育によって育てる力として「社会的・職業的自立，社会・職業への円滑な移行に必要な力」の要素（図2-2）が示されています。このうち，分野や職種にかかわらず，社会的・職業的自立に向けて必要な基盤となる能力として，次の**4つの側面**から構成される「**基礎的・汎用的能力**」を確実に育成することが目指されています（中央教育審議会，2011）。

　その1つめは，「**人間関係形成・社会形成能力**」です。多様な他者の考えや立場を理解し，相手の意見を聴いて自分の考えを正確に伝えることができるとともに，自分の置かれている状況を受け止め，役割を果たしつつ他者と協力・協働して社会に参画し，今後の社会を積極的に形成することができる力とされています。

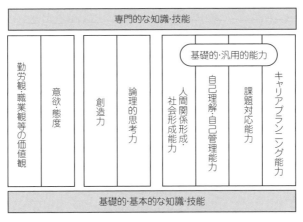

図 2-2　社会的・職業的自立，社会・職業への円滑な移行に必要な力の要素（中央教育審議会，2011）

　2つめは，「**自己理解・自己管理能力**」です。自分が「できること」「意義を感じること」「したいこと」について，社会との相互関係を保ちつつ，今後の自分自身の可能性を含めた肯定的な理解に基づき主体的に行動すると同時に，みずからの思考や感情を律し，かつ，今後の成長のために進んで学ぼうとする力です。

　3つめは，「**課題対応能力**」です。仕事をする上でのさまざまな課題を発見・分析し，適切な計画を立ててその課題を処理し，解決することができる力であるとされています。

　そして，4つめが，「**キャリアプランニング能力**」です。「働くこと」の意義を理解し，みずからが果たすべきさまざまな立場や役割との関連を踏まえて「働くこと」を位置づけ，多様な生き方に関するさまざまな情報を適切に取捨選択・活用しながらみずから主体的に判断してキャリアを形成していく力です。

　大学の4年間で，「勤労観・職業観等の価値観」「意欲・態度」「創造力」「論理的思考力」を養うとともに，上記4つの能力を高めるための工夫や努力が積み重ねられれば，これからの人生をしっかりと生きていくための大切な基礎になるはずです。

 基礎的・汎用的な4つの能力を身につけよう！

2.9 キャリアデザイン・キャリア形成

キャリア形成と自己理解

(1) 職業選択は会社選び？

　もう20年近く前の出来事になります。就職活動が目前に迫ったある男子学生から，「先生，僕はどんな仕事に向いているでしょうか？」と真剣に尋ねられたことがあります。そこで，「まず，自分にどんなことができるか，どんなことに向いているか，どういうことに興味や関心があるのか，これからの人生で何を大切にして生きていきたいかなどについて考えて，自分の考えをまとめてみよう」とアドバイスをして，1週間後に相談を受ける約束をしました。

　1週間後，約束した時間に相談にやってきたその学生は，こう言いました。

　「先生，1週間かけて考えたら，自分の就きたい仕事が見えてきました。だから，もう相談はなくてもいいです」。そして，こう続けて話してくれたのです。「僕はとにかく自由な時間が欲しいので，自分の就きたい仕事の条件は，9時から始まっても5時にはきちんと終わって，土・日は完全に休みで，給料が15万円くらいあればいいと思います。この条件さえクリアーできれば，どんな仕事でもかまいません」。

　皆さんは，この学生の考え方をどのように受けとめるでしょうか？　この男子学生のように，仕事の選択の際に，就業時間や給与などの雇用条件を考えることは大切なのですが，**職業選択というのは企業選択や会社選びではないのです。自分に何ができるかという能力，何に向いているかという適性，興味や関心，これからの人生で何を大切にしたいかという価値観を考えてみることはもっと大切なことなのです。**

(2) 自己理解の内容

　自己理解は，キャリア形成の出発点です。自分をよく知り，それを基礎にして，これから選択する仕事や職業についての情報を得ながら，自分と職業とが合っているかどうかを考えていくことになります。**体格や健康などの身体的側面，能力や適性，性格，興味・関心，価値観などの心理的側面，社会とのかかわりや対人関係などの社会的側面をみずからが理解する**ほか，キャリア支援の担当者から適切な情報提供やフィードバックを受けることによって，自己理解

をさらに深めることができます。表 2-6 は，自分と職業との関係や適合性を考えてみる時に取り上げる自己理解の側面をまとめたものです。**自分の能力が活かせる仕事，自分に適性があると思う職業，強い興味や関心がある仕事**など，自己理解が進むにつれて，仕事や職業との適合性を考えてみることができます。また，自分の特性を客観的なデータで把握し，さまざまな職業に求められる条件と照らし合わせて適合性や補うべきところを考えることも重要です。

また，キャリア支援においては，**職業興味検査，職業適性検査，職業レディネス・テスト**などのように，自分の相対的な位置がわかるように工夫された検査がよく用いられます。ただし，これらの検査の結果は，自分の特徴の一部を示すにすぎませんから，その検査の結果を過信したり，決定的事実として考えないようにしなければなりません。

表 2-6　自己理解の側面―個人と職業の適合性を知るために

- **●身体面**　一定の身体的要件や運動機能が必要な職業領域への適合性をみる
  - 身体：身長や体重など
  - 運動機能：体力（握力，持久力，柔軟性など），運動速度，器用さなど
- **●感覚・知覚面**　感覚や知覚を用いる作業が必要な職業領域への適合性をみる
  - 感覚機能：視覚，聴覚，触覚など
  - 知覚機能：空間判断，形態知覚，書記的知覚など
- **●心理面**　職務内容や職場環境などへの適合性をみる
  - 性格・知能：パーソナリティ，知能
  - 適性：職業適性，職業興味
  - その他：人間関係，職業観，職業選択に取り組む姿勢など
- **●学習面**　一定の知識や技術・技能などが必要な職業領域への適合性をみる
  - 学力：専門知識，一般常識，計算力，語学力，文章作成力など
  - 技能実技：製作，運転，演奏など

労働政策研究・研修機構　2006　職業ガイダンスブック―就職サポーターの基礎知識（p.41）より引用修正

 キャリア形成のスタートは，まず自分を知ることから！

2.10 キャリアデザイン・キャリア形成

キャリア形成と職業理解

（1）職業とは何か

　職業とは，生計を維持するために，何らかの報酬を得ることを目的とした継続的な活動あるいは一定の社会的負担のことです。また，職業というのは，報酬を得て生計を維持するというだけでなく，その職業を通して個性を発揮したり，その人が担う社会的な役割や地位などとも結びついているほか，仕事を行うのに必要な知識や能力，技能や資格，仕事の内容や活動の場面，その職業に要求される人間関係，社会的な評価，規範や価値観，将来展望などにも関係しています。では，あなたは，具体的な職業をどのくらい知っていますか？　次の課題に取り組んでみましょう。

> あなたが知っている職業名を3分間でできるだけ多く書き出してみましょう
>
>
>
> あなたはいくつ書き出すことができましたか？　　　（　　　　）個

　さて，大学1年生152名にこの課題に取り組んでもらった結果，最も多い人で28個，平均では15.6個を書き出すことができました。ただし，職業名として挙げられたものに，サラリーマン，金融業，マスコミ，営業，セールスマン，証券マン，などといった職業名とはいえない項目が含まれていたため，これらを除外すると，平均では13.6個となりました。実は，日本には約17,200種類の職業があります。3分間の時間制限があったとはいえ，大学1年生の多くは，そのうちの0.1％（17.2個）にも満たないほどの職業しか知らないということになります。働くことに興味や関心が持てないという若者もずいぶん多いのですが，その原因は職業についてほとんど知らないということにあるようです。

（2）職業情報とは

　職業情報は，職業に関連するすべての情報を意味していますが，狭い意味で

は，個別の職業に関する情報のことで，仕事の内容，就業者の特徴，入職の方法・要件，労働条件，教育訓練，昇進，関連職業などがあげられます。

　初めて職業に就く場合だけでなく，転職したり，再就職する場合にも，職業に関する情報や知識が乏しいと，選択の幅がかなり限定されてしまいます。そのため，職業情報は職業選択の可能性を広げるために重要な役割を果たしています。

(3) 職業分類と職業情報

　約17,200種類もある職業の全体像をわかりやすくするために，その類似性や関係性で分類したものが「職業分類」です。

　その大分類（11項目）は，A 管理的職業，B 専門的・技術的職業，C 事務的職業，D 販売の職業，E サービスの職業，F 保安の職業，G 農林漁業の職業，H 生産工程の職業，I 輸送・機械運転の職業，J 建設・採掘の職業，K 運搬・清掃・包装等の職業となっています。さらに中分類（73項目），小分類（369項目），細分類（892項目）に分けられて該当する職業名が示されています。

　このような多様な職業の世界を，自分自身の興味や適性と関連させながら理解するためのツールが，「キャリア・インサイト」です。「キャリア・インサイト」は，利用者がコンピュータを使いながら職業選択に役立つ適性評価，適性に合致した職業リストの参照，職業情報の検索，キャリア・プランニングなどを実施できる総合的なキャリアガイダンスシステム（Computer Assisted Careers Guidance System）であり，「適性評価機能」（適性診断コーナー），「職業情報の検索機能」（職業情報コーナー），「適性と職業との照合機能」（総合評価コーナー），「キャリア・プランニング機能」（キャリア・プランニングコーナー）という4つの機能を持っています。

　このうち「キャリア・インサイトEC」は，18歳から34歳程度の若年者で，職業経験が無いか，もしくは経験が少ない人を主な対象としており，どのような仕事に就いたらいいかわからないなど職種の絞り込みができていない人や，自己理解・職業理解が十分でない人のために，どのような職種に興味が持てるかという手がかりを得るために活用されることが多いようです。

point　さまざまな職業を知って，選択の幅を広げよう！

2.11 キャリアデザイン・キャリア形成

学生期の成長と発達
―大学生の発達段階と発達課題―

　大学に入学してから卒業にいたるまでの4年間には，学年の進行に沿って，学業や対人関係，学生生活，進路などに関する特徴的な課題があります。

　それぞれの段階（ステージ）におけるさまざまな課題と，その課題を乗り越えては次の段階に進み，そこでまた新しい課題を解決して次の段階に成長していくという，**学生生活のサイクル**を見てみましょう（図2-3参照）。

(1) 入学後の1年間

　入学してからの1年間は，**大学という新しい環境にうまく適応する**ことが課題となります。高校時代までの学校生活とは異なって，ホームルームや時間割が固定されているわけではなく，1人ひとり個別の履修計画に沿って自主的に時間割を組み，流動的な人間関係の中で，時間やスケジュールを自己管理しなければならないなど，**主体的な取り組みが要求**されます。

　大学入学という目標を達成した後だけに，次の目標が見つかるまでの間には，目的意識が低下したり，将来への不安が生じたりすることもあれば，不本意入学による挫折感からなかなか抜け出せなかったり，大学の環境になじめず，友人づくりに困難を感じたりすることもあるのがこの時期です。

(2) 2年生から3年生にかけて

　2年生から3年生にかけての時期には，学生生活における変化はそれほど大きくはありませんが，**幅広い学習，クラブやサークルなどの課外活動，アルバイト，ボランティア活動**などが学生生活の中に組み込まれていくでしょう。

　将来の進路の選択という課題が少しずつ迫ってはくるものの，**時間をかけて自分を見つめることのできる貴重な時期**であると同時に，生活のバランスづくりに困難を感じたり，学業に対して無気力や無関心になったりすることも少なくないようです。また，異性関係やさまざまな人間関係での問題が表面化しやすいのもこの時期です。

　その一方では，就職活動の時期がますます早まっているために，専門的な学習や研究にあまり触れることができないうちに，就職や進学という卒業後の進路を考えなければならないので，進路に関する迷いや不安が高まったり，十分

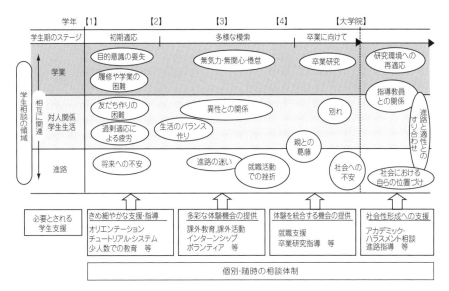

図2-3 学生生活サイクルの概要

日本学生支援機構 大学における学生相談体制の充実方策について－「総合的な学生支援」と「専門的な学生相談」の「連携・協働」より

な準備が整わないままに実際の就職活動に入ってしまったために，強い挫折感を体験したりすることもあります。

(3) 4年生〜卒業に向けて

3年生の後半から4年生にかけて，**就職や進学**などの進路先が具体的に決定するにしたがって，**卒業が意識**されるようになります。その一方では，就職内定がなかなか取れずに苦戦する学生がいたり，社会に出ることに不安を感じる学生も少なくないようです。

そのような中で，クラブやサークルでの引退，卒業研究や卒業論文の作成，卒業アルバムの写真撮影など，卒業を意識させる出来事や機会を通して，これまでの**学生生活を改めてふり返り，卒業後の自分のあり方を探究**することになります。

　4年間の大学生活にはステージとサイクルがある！

2.12 キャリアデザイン・キャリア形成

大学におけるキャリア形成支援
―1・2年生のキャリア教育から就職支援へ―

(1) 若者の社会的自立をめぐる問題

　内閣府の平成27（2015）年版の『子供・若者白書』によれば，2014年のフリーター（15～34歳）の数は179万人であり，前年に比べると3万人減っています。定職につかないフリーターの数は，ここ数年はおおむね横ばいで推移していますが，年齢階級別にみると，15～24歳では減少傾向にあるものの，25～34歳の「年長フリーター層」については2009年以降は増加傾向にあります。また，若年無業者（15～34歳）は，2013年は60万人，2014年には56万人とやや減少傾向を示しました。一方，内閣府が2010年に15～39歳の3,287人から回答を得てまとめた「若者の意識に関する調査（ひきこもりに関する実態調査）」によれば，ひきこもりになったきっかけは，「職場に馴染めなかった」「就職活動がうまくいかなかった」など仕事や就職に関するものが多いことが指摘され，「ふだんは家にいるが，自分の趣味に関する用事の時だけ外出する」者を含めた広義の「ひきこもり」は69.6万人と推計されています。

　一方，せっかく職を得ても，わずか数年勤めただけで辞めてしまうという「早期離職」の問題も指摘されてきました。2011年3月に卒業して就職したものの，3年以内に勤務先などを辞めたという早期離職率は，中学卒64.9%，高校卒39.7%，大学卒32.3%であり，2011年3月に大学を卒業した人の離職率は，1年目13.4%，2年目10.1%，3年目8.8%となっていました。

　そこで，これからの社会を生きる若者に獲得してほしい力として，「**人間力**」や「**社会人基礎力**」などが提唱されてきました。2005年の「若者の人間力を高めるための国民会議」の国民宣言には，「社会の中で人と交流，協力し，自立した一人の人間として力強く生きるための総合的な力である人間力」という表現があります。また，2006年には**経済産業省**が「**社会人基礎力**」という指標を提唱し，「組織や地域社会の中で多様な人々とともに仕事を行っていく上で必要な基礎的な能力」として，「前に踏み出す力」「考え抜く力」「チームで働く力」をあげています（p.37 表2-1参照）。このほか，厚生労働省が2004年に示した「就職基礎能力」，文部科学省が2010年に提示した大学生の「就

入学前／1年生	2年生	3年生	4年生
早期教育による動機づけ	自己理解と社会理解・職業理解	自己実現に必要なスキルの習得	進路決定と進路を見据えたスキルの取得

図2-4　大学におけるキャリア形成支援の展開（計画的・継続的な取り組み）

業力」など，学校から社会へと移行する際に必要となる力，社会において必要とされる能力等について，さまざまな概念が提唱されています。

(2) キャリア教育から就職支援へ

　キャリア教育は，子どもや若者の社会的・職業的自立に向けて，1人ひとりのキャリアを形成するために必要な能力や態度を育てることを通してキャリア発達を促す取り組みであり，就学前の幼児期からの積み重ねが大切だとされています。その中では，キャリア発達の段階に応じた計画的・継続的なプログラムと，1人ひとりに対する個別の援助としての**キャリアカウンセリング**，すなわち**適切なコミュニケーションによるキャリア発達の支援**が重視されています。

　多くの4年制大学では，1年生の入学直後からキャリア教育やキャリア形成支援に関するオリエンテーションやガイダンスが行われ，その後，2年生にかけて，**自己理解**や**職業理解**を基本にした「**キャリアデザイン**」や「**キャリア形成**」などという名称のキャリア教育科目が開講されることが多いようです。また，キャリア教育科目については，大学によっては必修に近い形で履修を促したり，少人数クラスでのきめ細かい指導や，1人ひとりの学生に対する個別相談を重視する取り組みなど，さまざまな工夫がなされています（図2-3）。

　3年生では，1・2年生で学んだ内容を基礎に，**インターンシップ**実習が取り入れられ，自己理解や職業理解を深めたり，広げたりするための取り組みが行われています。その一方で，3年生を対象に，就職活動の準備としての「**就職ガイダンス**」や「**会社説明会**」などが実施され，就職先が決定するまでさまざまな形での**就職支援**が継続的に行われることになります。さらに，就職先が決定したあとの4年生に対しても，「**社会人基礎力**」などを身につけるためのキャリア教育が実施されている大学もあります。

> **point** 1・2年生からのキャリア教育で身につけた力が就職活動を推進する！

2.13 キャリアデザイン・キャリア形成

卒業後のキャリア形成に向けて
―生涯にわたる発達―

　職業の選択は，大学卒業時など，ある特定の時期だけに行われるものではありません。離職や転職を経験したり，地位や責任の変化に伴って，新たな選択の機会が次々に訪れます。すなわち，**大学を卒業して就職し，社会人（職業人）となった後も，成長と発達のプロセスは続く**のです。しかし，人間の成長や発達は一直線に成熟の方向へと進むわけではありません。成人してからの人生においても，**達成感や充実感に満ちた安定した時期**と，さまざまな迷いや探索を経験する，いわゆる**「危機」の時期**とが交互にくり返され，それが成長につながっていくのです。

　この点について，**成人前期から中年期にかけての発達**について，心理学者であるレビンソン（Levinson, D.）らの考え方を紹介しておきましょう。レビンソンらは，**成人期が絶え間のない自己変革を迫られる時期**であることを示しました。そして，人生を「児童期と青年期」「成人前期」「中年期」「老年期」の4段階に区分して，ある発達段階から次の段階へと移行する時期（**過渡期**）には，それまでの基本的な生活のパターンを修正して，新しく始まる生活パターンの基盤を築くことが課題になるとしました。

（1）成人前期

- **大人の世界に入る時期：22〜28歳**

　これまで自分が育てられてきた家庭から離れ，少しずつ自分自身の家庭や，自分らしい生活へと重心が移行していく時期です。この時期には，「大人の生活への可能性を模索する」ことと，「自分自身の生活を一応のものに仕上げる」というやや対照的な課題が同時にあります。

- **30歳の危機：28〜33歳**

　30歳前後になると，もっと満足のできる生活の土台をつくり上げようとする機会が出てきます。この時期になると，人生が20歳代のような仮のものでなく，より現実的なものとなりますが，この時期をスムーズに乗り切ることができないと，離婚や転職などをきっかけに深刻な危機に陥り，挫折感や不満感を強く体験することにもなります。これを「30歳の危機」と呼び

ます。

- **一家を構える時期**：33〜40歳

　30歳の危機を通過すると，再び安定が訪れて，仕事，家庭，地域社会活動など，本人にとって価値ある領域に深くかかわるようになります。その中で，重要な選択に一応満足し，その選択を中心にしてもっと幅広い生活をつくり上げ，その生活の中のさまざまな要素（仕事，家庭，地域社会，個人的な関心，友人関係など）にかかわりながら，長期的な人生計画や人生目標を追求するようになります。

(2) 中年期

- **人生半ばの危機**：40〜45歳

　40歳前後になると，また迷いや葛藤の時期を迎えます。この頃になると，再びそれまでの生活に疑問が投げかけられるとともに，「これまでの人生で何をしてきたのか？　妻や子どもたち，友人，仕事，地域社会，そして自分自身から何を得て，何を与えているのか？　自分のために，他人のために本当に欲しているのは何か？」などという疑問が生じるようになるとされています。まさに人生の半ばで，自分自身のあり方を根底から問い直すことになるのです。

- **中年に入る時期**：45〜50歳

　人生半ばの危機を乗り切ると，また安定した時期を迎えます。40代後半の課題は，重大な選択を行い，その選択に意味を与え，その選択を中心にした生活構造を築き上げることであるとレビンソンらは述べています。

　その後も，**50歳の過渡期**，**中年の最盛期**という時期を経たあと，「**老年への過渡期**」という比較的大きな危機を乗り越えて，老年期に入っていきます。

　このようにみると，**人間の成長や発達は，まさにくり返しと積み重ねの連続**であることがわかります。若い頃からさまざまな課題に直面し，それを達成したり，乗り越えることによって身につけた力は，人生の後半の中年期や老年期においても活用されるのです。

 大学を卒業し，就職して社会人となった後も，成長と発達のプロセスは続く！

2.14 インターンシップ

インターンシップとは何か I
―インターンシップのすすめ―

(1) インターンシップ体験の意義

　先にみてきたキャリア教育と同じく，「インターンシップ」という言葉も大学生にずいぶんと知られるようになりました。大学などの教育界では，インターンシップをキャリア教育の中核に据え，産業界と連携して取り組みの強化に努めてきました。また産業界でもそうした産学連携型に加えて，企業単独ですべてを運営するインターンシップを実施するところが多数存在しています。さらに最近では，国（政府）や教育界，産業界との協議の結果，**就職・採用活動開始時期の変更**が行われる中で，学生・企業の双方とも，まずは互いの存在を知る機会として，そして相手とみずからとの相性や適性を見極める場として，インターンシップの重要度はますます高まっています。

　ところで，インターンシップを体験する意義とは何でしょうか。一言で言えば，授業や教科書などの座学だけではどうしても漠然となりがちなキャリアデザインについて，**実習という実践的な体験**を通じてより確かな手がかりをつかむことにあります。現実の職業社会に身を置くことで得られる気づきや学びは，まさしく「**論より証拠**」と言うにふさわしい決定的なインパクトをみずからのキャリアデザインに与えてくれるのです。

(2) 事前－実習－事後のすべてが揃ってこその「インターンシップ」

　インターンシップを大学生からみた場合の一般的な流れは，図2-4のとおりです。インターンシップというとどうしても「実習」のイメージが強いと思います。しかし，いざ始まってしまえば本当にあわただしく過ぎ去っていく実習の中から，気づきや学びの機会を見逃さずより多くのことを吸収するためには，その実習にいたるまでのさまざまな「**事前**」の準備や，実習を終了した「**事後**」のふり返りが大きなカギを握っています。同時に，それらの事前・事後の取り組み自体の中にも，社会の仕組みや決まりを体験的に理解する機会がたくさん含まれています。ですから，**事前－実習－事後という一連の取り組み全体が「インターンシップ」**であるという認識を持つことが重要です。

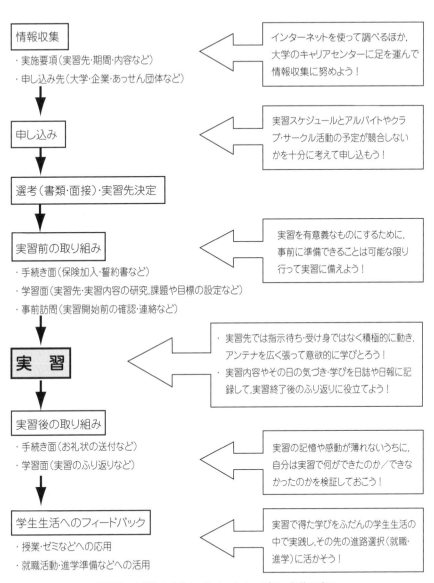

図2-5 大学生からみたインターンシップの一般的な流れ

 インターンシップがキャリアデザインの確かな手がかりになる！

2.15 インターンシップ

インターンシップとは何かⅡ
—さまざまなタイプの「インターンシップ」—

(1) 多種多様な「インターンシップ」

　夏休み明けのある日，大学の異なる友人A君・Bさん・C君が，その夏に体験したインターンシップについてそれぞれ紹介しあったとしましょう。最近のインターンシップ事情を考えると，次のような会話が聞こえてきそうです。

- A:「僕の大学ではインターンシップが授業科目になっているから，それを履修したよ。実習の他に事前・事後学習やレポート課題があるから，いろいろ勉強になったなぁ」
- B:「私の場合は大学のキャリアセンターがガイダンスで紹介していた，単位と関係のないインターンシップに参加したの。授業じゃなくても保険や覚書とかいろいろな手続きがあったけど，キャリアセンターが窓口だから気軽に相談できたわ」
- C:「2人とも大学経由かぁ。オレはインターネットを使って会社に自分で直接応募したんだけど，ひとつは半年間のインターシップで，今でもまだ時々会社に行ってるよ。あとは『1day（ワンデー）インターンシップ』っていうのにも参加したっけ」
- A:「夏休み中に終わらないインターンシップなんてあるの?!」
- B:「逆にたった1日でもインターンシップなの?!」

　近年，「インターンシップ」と呼ばれる取り組みの内容がきわめて多様化しています。たとえば，これまでは夏期休暇中に2週間程度の就業体験というケースが代表的でしたが，最近では数ヶ月におよぶこともある「課題解決型インターンシップ」とよばれる長期の取り組みもふえてきています。その一方で，たった1日で終わる会社説明会のようなものに「インターンシップ」という呼び名が用いられている場合もあります。また，インターンシップ情報の提供元や参加申し込み先も，大学，個別企業，就職情報ナビサイト，インターンシップを仲介するNPO法人と，本当にさまざまです。ですから，もし興味のあるインターンシップを見つけたら，**大学のキャリアセンターに相談するなどしてその実態はどのようなものなのかを十分に理解しておくことが重要です。**

(2) 「理想のインターンシップ」はどこにもない

　表2-7を見ればわかるとおり，どのタイプのインターンシップにも必ず一長

表2-7 大学の関与の度合いを基準にしたインターンシップの分類

	特徴	長所	短所
大学正課型 ・大学の関与あり ・単位認定あり	・選考（マッチング）・事前学習・実習先訪問・事後学習など，一連のプログラム運営を大学の教員主導のもと行っている。	・教員の指導のもと事前・事後学習に多くの時間をかけて（一般的に数コマ〜10数コマ）取り組むことで，実習からの気づきや学びを深めることができる。	・プログラムが大学の手で「お膳立て」されすぎている場合，インターンシップが教育サービス化し，学生の受動的な態度をまねくおそれがある。
大学正課外型 ・大学の関与あり ・単位認定なし	・授業科目ではないが，大学のキャリアセンターなどが学生の派遣に関与し責任を持つ。	・授業科目を履修できなくても（あるいは科目自体がなくても），大学経由で実習に参加できる。	・大学正課型ほど事前・事後の指導が行えない場合，大学の関与は事務的手続きが中心となりがち。
企業独自型 ・大学の関与なし ・単位認定なし	・広報・募集・選考・実習などすべてにわたり企業が独自に運営する。 ・大学は直接関知しない（キャリアセンターでポスターやチラシを掲示・陳列する程度）ので，学生みずからが情報を収集し，自由に応募して実習に参加する。	・実習の時期や期間，実習内容がバラエティに富むため，大学のインターンシップでは満たすことができない希望やニーズでもカバーできる。 ・学生みずからが受け入れ先とコンタクトをとることで，ビジネスマナーなどのよい練習になる。	・実習での気づきや学びを多面的にふり返ることが独力では難しい。 ・実習生の働きが企業の「戦力」として期待されていたり，実習が採用活動に組み込まれている場合もあるなど，企業側の思惑が実習内容に反映しやすい。

※この分類はあくまで一般的なもので，表に書かれている内容に当てはまらないケースは多数ある。たとえば，企業独自型インターンシップでも，実習内容が一定の基準を満たせば単位認定する大学がある。

一短があります。ましてや，「このインターンシップを体験すれば誰でも成長できる」というようなことは決してないのです。重要なのは，「就職に有利そうだから」「友だちが行くから」といったあいまいで主体性の乏しい動機ではなく，自分のキャリアデザインにとってインターンシップがどのような意味を持つのか自問自答を重ね（ですから『インターンシップに行く必要はない』という結論も十分あり得ます！），**自分ならではの確固たる動機を持つこと**なのです。そうすれば，自分に適したインターンシップが見えてくるはずです。

 自分にふさわしいインターンシップをしっかり見きわめよう！

2.16 インターンシップ

「事前学習」の重要性

（1）実習と「事前学習」との関係

　すでに述べたように，インターンシップとは単に実習だけを意味するものではありません。その実習からより多くのことを吸収するためには，実習前の準備が不可欠となります。なぜなら，実習で何をどれだけ学びとれるかは，実習先やそこでの実習内容で決まるというよりも，**実習生がどのような姿勢で実習に臨んだかで決まる**，と考えたほうが適切だからです。よって**実習に臨むにふさわしい姿勢**を整えておくことが必要であり，その学習プロセスを指して「**事前学習**」と呼びます。事前学習のポイントは大きくみて，①**実習先や実習内容を研究すること**，②**実習での課題や目標を設定すること**，の２つです。

①実習先や実習内容を研究する

　選考やマッチングを経て実習先が決定したら，本格的にその**実習先や実習内容の研究**を行いましょう。とくに，大学関与型のインターンシップによくあるように実習先を独力で探し出したと言えない場合は，自分の手で情報を十分に補う必要があります。今は幸いなことにインターネットが情報収集の大きな味方となってくれる時代です。実習先がホームページを開設している場合はそこから情報を入手するほか，GoogleやYahoo!などのサーチエンジンで検索をし，実習先や実習内容に関する情報を多面的に収集することも有効です。

②実習での課題や目標を設定する

　実習から多くを学びとるためにもう１つ重要なことは，**実習での課題や目標を自分自身に課す**ことです。なぜなら，あらかじめそうした課題や目標を設定しておかないと，実習から気づきや学びを得たつもりであっても，それらは個々の体験事例に対する表面的な印象や感想にとどまってしまいがちだからです。課題や目標を検討する際には，ぜひとも大学の教職員や他の実習生とも意見交換を行い，他者のさまざまな視点を参考にしながら，できれば複数の課題・目標を設定しましょう。

（2）実習先への事前訪問

　また，事前学習とは別に実習が始まる前の準備として重要なのが，**実習先へ**

の事前訪問です。これは，実習先の担当者が「訪問不要」という明確な意思表示をしていない限りは行うことを推奨します。事前訪問には，これから実習でお世話になることへのお礼と挨拶という意味があるのと同時に，**実習本番を当事者全員がスムーズに進めていくための貴重な打ち合わせの場**としての意味があります。したがって，訪問時には実習期間中に必要な持ち物や服装などの確認のほか，実習開始までに済ませておいたほうが望ましい事柄（学習面・手続き面など）についても確認しておきましょう。また，実習期間中に体験してみたい職種・職務や希望する配属先などがあればそれを伝えておくと，可能な範囲で考慮してくれます。事前訪問で得たそれらの情報や印象・感想は，事前学習をさらに深める手がかりにもなりますからぜひうまく活用しましょう。

(3) インターンシップとアルバイトの違いを理解しておく

ところで，学生の皆さんからインターンシップとアルバイトの違いについてよく質問されます。実はこの問いに答えることはやさしくありません。なぜなら 2.15 で指摘したように，「インターンシップ」という名称の取り組みの内容がきわめて多様だからです。ただし，「報酬」という観点から比較すると，両者の違い，とくにインターンシップの特質がはっきりと現れてきます。

日本の場合，大学生が体験するインターンシップ実習は一般的に無報酬，つまり，実習先から「労働の対価」としての金銭はもらえません（ただし今後，諸外国ではむしろ一般的な「有償型インターンシップ」が日本でも普及していく可能性があります）。それどころか，アルバイトに費やす時間を犠牲にして（つまりその時間分だけ得られたであろうアルバイト収入を犠牲にして）参加することになるわけですから，経済的な負担はかなり大きなものになります。したがってインターンシップは，**金銭的報酬に代わる何かを得るために体験するものである**という自覚を持っておくことが重要です。そしてその「金銭的報酬に代わる何か」を探し出すのがまさに事前学習のプロセスなのです。すなわち「実習に臨むにふさわしい姿勢を整えておく」というのは，インターンシップという無償労働に対する「報酬」を，自分の中で明確にしておくことでもあるのです。

 有意義な実習には事前の学びと準備が必須条件だ！

2.17 インターンシップ

実習に臨む

（1）「元気な挨拶」がすべてのはじまり

　インターンシップ実習を成功に導くために，どの実習生にもぜひ取り組んでほしいことが1つあります。それは，実習先での「**元気な挨拶**」です。これは決して精神論をふりかざしているのではありません。なぜ「挨拶」なのか，実習生を受け入れる実習先の立場からその理由を解説します。

　インターンシップの実習生というのは，受け入れる側からすれば，実は接し方がなかなか難しい存在なのです。というのも，アルバイト労働者なら賃金に見合う働きの要求として遠慮なく注意や指導を行いますが，実習生となるとつい目をつぶってしまうこともあります。だからこそ，実習先の人たちから気づきと学びのきっかけを引き出しやすい関係を構築するために，**実習生が能動的にコミュニケーションをとる必要がある**のです。そこで最も簡単で効果的なのが「元気な挨拶」なのです。積極的に挨拶をすることで，実習生の側から自然に会話を切り出すきっかけが生まれます。また実習先の人たちも，コミュニケーションの下地があるほうが指導やアドバイスをしやすいのです。実習では，そうした「挨拶の効用」を体験的に学んでみましょう。

（2）「良質の失敗」が実習生を成長させる

　結論から言えば，インターンシップの実習に失敗はつきものです。たとえば，慣れない環境の中，緊張が原因で失敗することはよくありますし，むしろそうした環境で緊張しないほうが問題かもしれません。ですから失敗することを過度に恐れて萎縮したり消極的になったりする必要はありません。ただし失敗自体はないに越したことはありませんから，予見できる失敗は回避しましょう。

　ところで，そうした実習での失敗には良質なものとそうでないものがあります。ここでは前者を「**良質の失敗**」と呼びましょう。「良質の失敗」とは，実習生の能動性や積極性が少しあだとなってしまったような失敗です。やる気が空回りしてしまった失敗とも言えます。同じ失敗でも，こうした失敗には救いがあります。若干の軌道修正で，本来の能動性や積極性が着実な成長をもたらすからです。すなわち「**良質の失敗**」には，**実習生を成長させる貴重なきっか**

けという側面があるのです。実習先の人たちも，次につながる親身のアドバイスや励ましをくれるはずです。ですから，もし失敗してもそれが「良質の失敗」であるように，能動性や積極性を忘れずに実習に臨みましょう。それに対して，油断や見通しの甘さ，消極的態度から生じる失敗は，およそ良質とは言えません。もしそうした失敗をしてしまったら，みずからの姿勢をただちに改め，2度と同じ失敗をしないように注意することが重要です。

(3) 与えられた仕事には真摯に取り組む

ほとんどの実習生は，実習内容に対して実習前から大きな期待を寄せていると思います。しかし，そうした期待が大きくふくらんでいる実習生ほど気をつけてほしいことがあります。それは，**期待と違って担当業務が一見すると地味な単純作業や雑用に思えるものであっても，絶対にそれらを軽視してはならない**ということです。

そもそも，人と仕事が効率的に編成・配置された通常の職場の中で，実習生に任せられる仕事はきわめて限られています。かろうじて任せられるのは，「この仕事は○○さんでないとできない」という性格が弱い仕事です。それが，実習生からすれば単純作業や雑用に見えがちな仕事の正体です。しかしそれらの仕事は，取るに足らない仕事では決してありません。それどころか，**その実習先・その業界でキャリアを形成するうえでの基礎・基本を含み，入社直後の駆け出し時代に経験させるのが好適な仕事であることも多い**のです。ですからまずは，**与えられた目の前の仕事に全力で取り組むこと**が重要です。

また，実習担当者は，実習生の仕事ぶりの正確さやスピード，そして仕事に打ち込む姿勢を観察し，次にどのような業務を任せられるかを考えます。ですから当然，入門的な仕事をないがしろにするような実習生には，より高度で複雑な仕事を任せるわけにはいかないと判断します。逆にいえば，「よい仕事」を心がけていれば，たとえ短い実習期間であっても，「やってみる？」というように，挑戦しがいのある仕事が「報酬」としてもたらされる可能性があるのです。

 能動的・積極的な姿勢が実習から多くの実りをもたらす！

2.18 インターンシップ

「事後学習」の重要性

(1) インターンシップ実習の「成果」とは何か

　学生たちがインターンシップの実習を終えて再びキャンパスに戻ってくると，実習前からの彼らをよく知る教員やキャリアセンターのスタッフは，その「**変身ぶり**」にしばしば驚かされるものです。なぜなら彼らは，礼儀やマナーを意識して行動し，進学か就職かの迷いに区切りをつけ，希望就職先をあこがれやイメージだけで語っていたのが自分なりの選択基準を持つまでになっているからです。しかし，実習後の「成長」に目を奪われすぎてしまい，大学や実習先の中で当事者たちが感慨にふけっているだけというのは，一方では注意しなければならない状況でもあります。というのも**インターンシップ実習での「成果」とは，実習の前後を単純に比較した「差」のことではない**からです。

　そもそも，そうした前後の「差」に着目して価値を見いだせるのは，実習生本人のほかに大学や実習先の関係者，家族や友人といった，実習生を以前から知る狭い範囲の人間だけです。ということは就職活動で，以前の自分がいかに変わったかという視点でインターンシップの成果をエントリーシートや面接上で展開しても，企業の採用担当者はその思いを共有するかたちで評価することはできません。つまり，「差」の視点は一般性を持ち得ないのです。ですから，**実習体験の「成果」は，当事者の視点とはまったく別の視点から整理する必要がある**のです。では，「別の視点」はどのようにして獲得できるのでしょうか。

(2) 記憶から記録へ：実習から得た気づきや学びを言語化する

　多くの実習生は，日々の実習体験からかけがえのない刺激や感動をたくさん得ながら，実習期間中は目の前の担当業務をこなすことに精一杯で，それらを気づきや学びとして意識的に整理しておく余裕はなかなかないのが実態だと思います。つまり，**記憶の豊かさに比べて記録の乏しさをそのままにしている実習生が多い**のです。これが，インターンシップの成果を実習前後の差に矮小(わいしょう)化してしまいがちな理由の1つです。当事者の視点を越えて「別の視点」から整理するには，実習体験に関する**主観的な記憶を客観的な記録に転換する必要**があり，それを行うのが一般に「**事後学習**」と呼ばれる段階です。

記憶から記録への転換とは，**実習から得た気づきや学びの「言語化」**を意味します。ただし言語化といっても，「気づきや学び」なるものが個人の感想や決意表明にとどまっていては，主観に根ざした言葉，つまり当事者の視点そのものです。重要なのは，**気づきや学びとして「なに」を得たのか，また「なぜ」得られたのかを言葉にしていくこと**です。そうした**分析的なアプローチにより気づきや学びが普遍性のある言葉となり，第三者と「成果」に関する理解を共有できる**のです。参考までに，言語化を進めていくためのアプローチの一例を表2-8 にまとめました。

　本章でたびたび強調してきたように，インターンシップとは実習のみを意味しません。キャリアデザインのより確かな手がかりをつかむために，実習体験だけで満足せず，事後学習にこそ多くのエネルギーを投入しましょう。

表2-8　実習体験からの気づき・学びを言語化するアプローチ例

実習体験自体の分析	実習期間中に体験した仕事の1つひとつがどのような意味を持っていたのかを言語化する	それはなに？	それはなぜ？
充実・達成	実習中にやりがいを感じたことはあったか		
	実習中にだれかから自分の仕事ぶりをほめられたり感謝されたりしたことはあったか		
失敗・挫折	実習中に失敗したことはあったか		
	実習中にうまく仕事ができなかった（あるいはできないと感じた）ことはあったか		
コミュニケーション・コラボレーション	仕事をうまく進めるために実習先の人と協力・連携した（あるいはその必要性を感じた）ことはあったか		
発想・創意工夫	仕事の進め方に工夫を試みたことはあったか		
	実習先の仕事を見ていて「こうすればいいのでは」という改善案を思いつくことはあったか		
実習からキャリアデザインへのつながり	実習からの気づきや学びがこれからのキャリアデザインにどうつながるのかを言語化する	それはなに？	それはなぜ？
実習体験と学生生活とのかかわり	（授業に限らず）学生生活で学んだことが実習中に役立ったと感じたことはあったか		
	実習を機に大学でより学びたいことや新たに学びたいことが見つかったか		
これからのキャリアデザインの方向性	実習をきっかけに「仕事と人生とのつながり」について自分なりに考えることはあったか		

 インターンシップをキャリアデザインの飛躍へつなげよう！

「キャリア・マニフェスト」を宣言しよう！

「キャリア・マニフェスト」とは

　「マニフェスト（manifesto）」とは，いつまでに何をどのようにするかについて具体的に明示した宣言です。「こうありたい」「こうなりたい」というキャリアデザイン・キャリア形成の思いを，夢やあこがれで終わらせず現実のものにするために宣言するマニフェスト，それが「キャリア・マニフェスト」です。

「キャリア・マニフェスト」のねらい

　「キャリア・マニフェスト」は次の3つをねらいとしています。
①キャリア教育科目などで得たキャリアに関する気づきや学びを，学生生活内のさまざまな領域（→本書2.4を参照のこと）に波及・浸透させる。
②みずからのキャリアデザイン・キャリア形成のために取り組む課題や目標を，具体性と計画性を持たせた形で設定する。
③目標達成に向けた継続的・連続的な行動を試行錯誤しながら身につける。

「キャリア・マニフェスト」ワークシートの構成

　ワークシートは3段階からなる30の項目で構成され，自己理解と他者理解に根ざした「キャリア・マニフェスト」の宣言とその達成へと導きます。

Ⅰ．キャリア・マニフェスト宣言のための準備①：自己を知る
　　「自己の棚卸し」と「現在の将来観」という2つの自己理解作業を通じて，みずからのキャリアデザイン・キャリア形成について本格的に考えます。
Ⅱ．キャリア・マニフェスト宣言のための準備②：他者を知る
　　「仕事」に対するみずからの認識や理解（「わたしの仕事観」）を確かめることを通じて，自己の再発見と周囲（他者・社会）への視野を広げます。
Ⅲ．「キャリア・マニフェスト」の宣言（内容説明・進捗管理を含む）
　　「キャリア・マニフェスト」を宣言し，進捗管理を行うことで，キャリアデザイン・キャリア形成を着実に前進させるための自律的な行動力を養います。

Ⅰ. 「キャリア・マニフェスト」宣言のための準備 ①：自己を知る
　自己の棚卸し──約20年の「自分史」を客観的に表現しよう！
　現在の将来観──どうなりたいか・どうありたいかを自分に問おう！

【1】大学進学を志望した理由・入学を決めた理由
　a．あなたが大学進学を志望した理由は何ですか。

　　--
　　--

　b．また，今の大学へ入学を決めた理由は何ですか。

　　--
　　--

【2】学部を志望した理由・実際に決めた理由
　a．あなたが今在籍している学部を志望した理由は何ですか。

　　--
　　--

　b．また，実際に今の学部へ入学を決めた理由は何ですか。

　　--
　　--

【3】大学入学までに打ち込んできたこと
　あなたが大学入学までに，夢中になったり努力をしたりして熱心に打ち込んだことはどのようなことですか。なぜそのことに熱心に打ち込んだのか，理由も記入しましょう。

　　--
　　--
　　--
　　--
　　--

【4】 大学（キャンパス）での充実感

あなたが大学（キャンパス）内で過ごしている中で，充実感を覚えるのはどのような時ですか。なぜそのような時に充実感を覚えるのか，理由も記入しましょう。

【5】 授業やゼミでの充実感

あなたは大学での授業やゼミの中で，出席・参加してよかったと思うのはどのような時ですか。なぜそのような時によかったと思うのか，理由も記入しましょう。

【6】 課外活動への取り組み

あなたは部活動やサークル，あるいは学内外のその他の活動（資格取得・ボランティア活動・その他の自主的活動 etc.）に取り組んでいますか。何かに取り組んでいる場合はその内容とあなたにとっての位置づけを，特に取り組んでいない場合は（あるいは取り組みをやめた場合も）その理由を記入しましょう。

ワークシート

【7】アルバイト

あなたは現在アルバイトをしていますか（登録型など不定期なものも「している」に含みます）。している場合はその理由や目的を，していない場合はその理由を記入しましょう。

【8】自分の人生や将来について考えるきっかけ

あなたが自分の人生や将来について考える時とは，どのような時ですか。もし何かのきっかけで考えるのであれば，「きっかけ」の内容を具体的に記入しましょう。

【9】「こうありたい」「こうなりたい」：自分の希望像

あなたは自分の人生や将来について，「こうありたい」「こうなりたい」といった希望像をイメージすることはありますか。もしある場合はその内容を具体的に記入しましょう。

ワークシート

【10】自分の強み・長所

あなたが思う自分の強み・長所はどのようなものですか。もしそれを第三者に説明できる材料があれば，それも含めて記入しましょう。

【11】自分の弱み・短所

あなたが思う自分の弱み・短所はどのようなものですか。もしそれを第三者に説明できる材料があれば，それも含めて記入しましょう。

【12】進路の相談相手・参考材料

あなたは大学（学部）卒業後の進路について，誰かに相談したり何かを参考にしたりすることはありますか。もしある場合はその内容を具体的に記入しましょう。

【13】大学在学中に実現したいこと・達成したいこと

あなたには大学（学部）在学中に実現したいことや達成したいことはありますか。もしある場合はその内容を具体的に記入しましょう。

> ### 「キャリア・マニフェスト」もうひとつのねらい
> ──「キャリア・マニフェスト」を通じて「PDCAサイクル」を実践する──
>
> 　「PDCAサイクル」とは，ある目標を確実に達成するうえで必要とされる一連の行動の循環（サイクル）を指します。
> <u>P</u>lan（計画）→ <u>D</u>o（実施）→ <u>C</u>heck（検証）→ <u>A</u>ct（改善）→ P'……
> これを「キャリア・マニフェスト」に当てはめると，以下のようになります。
>
> 　P：マニフェスト化する目標を設定し，達成のための行動計画を作成する。
> 　D：計画に沿って行動・実践する。
> 　C：行動・実践の成果や進捗（進み具合）状況を検証する。
> 　A：必要があれば行動計画やマニフェスト自体の修正・改善を行う。
>
> 　「PDCAサイクル」と呼ばれるこのような仕事の進め方とその遂行能力は，実社会に出てからもきわめて重視され，高く評価されるので，マニフェストの達成を目指すプロセスを通じてこのサイクルを身につけていきましょう！

　ここまでが「自己理解」です。次ページから「他者理解」を進めていきます。

Ⅱ．「キャリア・マニフェスト」宣言のための準備 ②：他者を知る
「わたしの仕事観」――「仕事」をとおして社会を理解しよう！

【14】感動や感心を生む仕事①：製品・作品

 a．あなたの日常生活の中で感動や感心をもたらした<u>製品や作品</u>はありますか。その製品や作品について，感動や感心の理由も含め具体的に記入しましょう。

----

 b．また，その製品や作品があなたの心をとらえるほどの出来映えとなるために，製品・作品の生産者や作者はどのような工夫や努力をしたとあなたは考えますか。

【15】感動や感心を生む仕事②：サービス

 a．あなたの日常生活の中で感動や感心をもたらした<u>サービス</u>はありますか。そのサービスについて，感動や感心の理由も含め具体的に記入しましょう。

----

 b．また，そのサービスがあなたの心をとらえるほどの出来映えとなるために，サービスの提供者はどのような工夫や努力をしたとあなたは考えますか。

【16】わたしがしてきた「よい仕事」

あなたが今まで生きてきた中で，「よい仕事」（本書 2.3 を参照）をしたと言えることを自由に書いて下さい（複数でもかまいません）。その際，「よい仕事」の実現にいたった理由も含め具体的に記入しましょう。

【17】強み・長所と仕事①

あなたは「【10】自分の強み・長所」で書いたことが理由で，「仕事」がうまくいった経験はありますか。もしある場合はその内容を具体的に記入しましょう。

【18】強み・長所と仕事②

あなたが「【10】自分の強み・長所」で書いたことは，「仕事」をするうえでどのような影響をもたらすと思いますか。

ワークシート

【19】弱み・短所と仕事①
あなたは「【11】自分の弱み・短所」で書いたことが理由で，「仕事」がうまくいかなかった経験はありますか。もしある場合はその内容を具体的に記入しましょう。

【20】弱み・短所と仕事②
あなたが「【11】自分の弱み・短所」で書いたことは，「仕事」をするうえでどのような影響をもたらすと思いますか。

【21】「わたしの仕事観」
あなたがもし「仕事」に関する自分なりの考え方を言葉としてまとめるならば，それはどのように表現できますか。現時点での「わたしの仕事観」を自由に記入しましょう。

いよいよ次ページからは「キャリア・マニフェスト」の宣言です！

Ⅲ. 「キャリア・マニフェスト」の宣言

わたしの「キャリア・マニフェスト」

私こと ＿＿＿＿＿ は，これからのキャリアデザイン・キャリア形成を着実に前進させるために，以下の「キャリア・マニフェスト」を宣言します！

_____

_____

_____

_____

【留意点】学生生活の中で結果を出すことができる，<u>数か月～1年程度先を目安にした宣言</u>にしましょう。代表的マニフェストとしては，資格や語学，就職活動や大学院進学に関するものや，より充実した学生生活のために授業・ゼミやサークル・アルバイトなどに目標を設定するものが考えられます。

「キャリア・マニフェスト」宣言のポイント

　努力すれば達成できる「キャリア・マニフェスト」を宣言するうえで，次のような重要ポイントがあります。ぜひ次ページ以降の参考にして下さい。

①**必要性**（【22】【26】【27】）：まず，これがなくてはマニフェストを宣言する意味がありません。自己理解と他者理解を行った結果，自分が必要とする「マニフェスト」は何か，検討を重ねたうえでふさわしいマニフェストを構想しましょう。

②**具体性**（【23】【24】【27】）：ただ単純に「頑張る」と決意するだけではマニフェストになりません。「いつまでに」「何を」「どのように」という点をはっきりと盛り込みましょう。この「具体性」は，次の「計画性」とも密接に関連します。

③**計画性**（【23】【24】【25】）：「マニフェスト」という辞書に，「計画倒れ」や「三日坊主」の文字はありません。無理のない実行可能な計画を立案して初めてマニフェストと呼べます。同時に，日常生活の中の時間の使い方を工夫したり生活習慣の改善を図ることで，計画が遂行可能な日常の環境を整えましょう。

Ⅲ. 「キャリア・マニフェスト」の宣言（内容説明）
「マニフェスト」と呼ぶにふさわしい具体性と計画性を備えよう！

【22】今回宣言した内容の決定にいたった理由やきっかけ

_____
_____
_____
_____
_____

【留意点】p.73～80の自己理解と他者理解の結果を参考にしながら，なぜp.81の宣言内容が導き出されたのか，なぜそれが今のあなたにとってふさわしいといえるのか，説明しましょう。

【23】マニフェスト達成に向けての実行計画（行動・態度など実践する内容）

_____
_____
_____
_____
_____

【留意点】まず「いつまでに」というマニフェスト達成予定時期を明記しましょう。そして現時点からそれまでの間，「何を」「どのように」取り組むのか，適切に期間を区切るなどして段階的に計画を立てることが重要です。

【24】マニフェスト達成のために必要な，みずからに課す新たな日常的努力や工夫

_____
_____
_____
_____
_____

【留意点】【23】を実現するためには，あなたの日常生活に必ず何らかの「負荷」がかかるはずです。その「負荷」と向き合うために，日常の中で，これから新しく始めるべきこと，改善や見直しを要することなどを記入しましょう。

【25】マニフェスト達成のために必要な，他者からの協力・他者との連携・他者への働きかけ

_____
_____
_____
_____

【留意点】もしあなたのマニフェストが他者との関係性を特に意識していないのであれば，マニフェストを家族や友人，ゼミの先生にも公言し，適度なプレッシャーの中にみずからを置くというのはいかがですか？

【26】マニフェスト達成によって得られる，これからのキャリアデザイン・キャリア形成上の意義

_____
_____
_____
_____

【留意点】今回のマニフェストを実際に達成できた場合，あなたのキャリアデザイン・キャリア形成にどのような成果をもたらすでしょうか。マニフェスト達成後の，より中長期視点から説明しましょう。

【27】マニフェストの達成または達成までの努力の成果を第三者に説明・証明できるもの

_____
_____
_____
_____

【留意点】たとえば，資格取得であれば合格証書などが最も雄弁な証明ですが，「証明」しにくいマニフェストの場合は，達成した事実を第三者でも納得できるような「説明材料」がないか考え，記入しましょう。

　これで「キャリア・マニフェスト」の宣言はすべて完了しました。しかし，同時にここからが皆さんにとって本格的なキャリアデザイン・キャリア形成のスタートです。マニフェストの達成に向けて，PDCAサイクルを意識しながら着実に計画を行動に移していきましょう！
　次ページは，PDCAサイクルを実践するための「進捗管理シート」です。

Ⅲ．「キャリア・マニフェスト」の宣言（進捗管理シート）
　　マニフェストの達成に向けて計画の進み具合を検証しよう！

【28】 検証 「【23】実行計画（行動・態度など実践する内容）」の進捗状況
　☆計画はどこまで達成できているか
　☆計画時には予期していなかった問題は発生していないか
　☆期間や内容を部分修正する必要はないか

【29】 検証 「【24】みずからに課す新たな努力」の進捗状況
　☆努力はどこまで実現できているか
　☆他に努力する必要は生じているか

【30】 改善 　検証結果を踏まえての行動計画やマニフェスト自体の修正・改善
　☆マニフェストを必ず達成するという強い決意のもと【22】～【27】をより適切な内容に

進捗管理はマニフェストを達成するまで定期的に何度も行いましょう。

COLUMN

◆◆◆ キャリア教育って，新しい教育？ ◆◆◆

　多くの大学では，これまでの就職指導や就職支援に加えて，「キャリア教育」「キャリア支援」「キャリア形成支援」などと呼ばれる取り組みが積極的に行われるようになってきました。さらには，就職活動の準備としての「就職ガイダンス」だけでなく，1年生からの「キャリアデザイン」や「キャリアガイダンス」のほか，正課の授業科目としての「インターンシップ」も活発に行われています。

　しかしながら，これらの取り組みは，最近になってから新しく登場したものではありません。これまでも中学校や高等学校，職業安定所などにおいてずっと行われてきた進路指導や職業指導が，キャリア教育やキャリア支援の背景にあるのです。

　中学校や高等学校などにおいては，卒業後の進路を適切に選択することができるように，進路指導や進路相談が行われてきました。進路指導というのは，キャリアガイダンス（career guidance），進路相談は，キャリアカウンセリング（caree rcounseling）の日本語訳です。また，インターンシップ・職業体験などの体験的活動は，従来から「啓発的経験」と呼ばれ，進路指導の重要な活動の1つに数えられてきました。

　また，ハローワーク（職業安定所）などでは，仕事を求めている人（求職者）に対して就職先を紹介したり，職業選択を援助する職業指導や職業相談が行われてきました。さらに，最近では，企業などで働いている人がみずからの目標や希望に沿った人生設計を行い，生きがいや働きがいを含めて自己実現を図ることができるように援助するキャリア・コンサルティングと呼ばれる活動が展開されています。

　ところで，進路指導（キャリアガイダンス）について，日本進路指導学会（現在は，日本キャリア教育学会）は，1987年にその定義を次のように提示しています。すなわち，「進路指導は，個人が生涯にわたる職業生活の各段階・各場面において，自己と職業の世界への知見を広め，進路に関する発達課題を主体的に達成する能力，態度等を養い，それによって，個人・社会の双方にとって最も望ましいキャリアの形成と職業的自己実現を図ることができるよう，教育的・社会的機関ならびに産業における専門的立場の援助者が体系的，継続的に指導援助する過程である」と述べられており，なかでも「自己と職業の世界への知見を広めること」が強調されていることがわかります。

　個人のキャリア形成を支援する取り組みは，学校，職業安定機関，企業など，さまざまな場で行われてきましたが，すべて「自己理解」を出発点とし，「職業理解」を促進することが重視されているのです。その重要性は，これからのキャリア教育やキャリア支援でも変わりません。　　　　　　　　　　　（三川）

COLUMN

◆◆◆ インターンシップ実習生に求められる「ビジネスマナー」とは ◆◆◆

　実習前にいわゆる「ビジネスマナー」を習得しておくことは，実習生にとって大きな関心事だと思います。ポイントは，「見た目」と「ことば」です。
　まず「見た目」については，実習生という立場にふさわしい「謙虚さ」と「誠実さ」が感じられること。1つは身だしなみです。ひとりよがりの「おしゃれ」は無用であり，たとえば服装や頭髪と実習先の雰囲気との間に違和感がないか，気を配りましょう。もう1つは表情と姿勢です。「ぎこちなさ」であればまだ好意的に受けとめられるかもしれませんが，「だらしなさ」は実習への意気込みを疑われます。また，「ことば」のマナーとしては，必要に応じて適切な敬語を使用し，フォーマルな場で若者言葉やアルバイト語を口にすることは慎みましょう。「見た目」も「ことば」も自分自身の改善箇所はなかなか気づきにくいので，事前に第三者のチェックやアドバイスを受けることを推奨します。
　ただし，マナーの形式的側面にあまりとらわれすぎないことも重要です。実習先では，常に相手の立場に立つこと（相手を敬い尊重すること・相手を不快にしないこと）を意識しましょう。そうすれば，どういう状況でどのような対応が求められるのか判断がつき，自然な形で相手に失礼のない対応ができます。そうした，TPOに応じたパフォーマンスがマナーの真髄であり，またそれこそがコミュニケーション能力の高さの証しです。

◆◆◆ インターンシップ実習終了後は実習先へ必ずお礼状を ◆◆◆

　実習がすべて終了したら，通常の業務の合い間をぬってあなたを受け入れてくれた実習先へ，お礼状を必ず送りましょう。ちなみに大学が窓口となっている場合は，学長やキャリアセンター長などの名前で大学からお礼状が送られることが一般的ですが，それらは社会儀礼上の単なるビジネス文書でしかありません。あくまで学生であるあなた本人が，実習中にお世話になった方々へみずからの言葉でお礼状を書くことがきわめて重要です。
　さて，便せんを前にしていざ筆を進めようにも，パソコンや携帯電話でメールをやりとりすることにすっかり慣れきってしまった現代の大学生にとって，実物の手紙を書くことはかなり心理的ハードルが高いことかもしれません。しかし，悪戦苦闘しながらであってもとにかく現役社会人に向けてまとまりのある文章を書くという経験は，礼儀やマナーを学ぶことであると同時に，なにより就職活動に向けた準備としても必ず役に立ちます。
　なお，お礼状の内容については，ビジネス文書の見本を意識しすぎたかのようなあまりに形式的なものよりも，感謝の気持ちの他に実習先で学んだことやこれからの抱負等を丁寧につづったもののほうが，実習先の方々の心に響きます。（長尾）

第3章

大学で身につけたキャリアを実践する
―― 就職活動

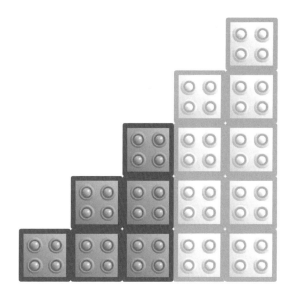

3.1 就職活動の準備 研究編

卒業後の進路を決める時期

（1）就職か進学か

「大学卒業後の進路はもう決まりましたか？」3年生にもなると，そろそろこの質問に答えられるように準備を始める必要があります。将来就きたい仕事を目指して学部を選択して大学に入学した人や最初から公務員や教員，あるいは大学院に進学することを決めてすでに受験勉強を始めている人たちも，この際，もう一度本当にそれでいいのか考えてみましょう。でも，ほとんどの人はまだその方向性さえも決まっていないのではありませんか？

卒業後に就職するにせよ，進学するにせよ，**将来の方向性を意識して真剣に考えて行動に移さざるを得ない時期**が必ずやってきます。その時期というのが大学では3年生なのです。就職する場合は，本格的な就職活動（就活）は，2015年現在，**4年生になる前の3月からスタート**すると言われています。それは，経団連加盟企業等の新卒採用計画がほぼ決まり，就職情報サイトや自社のホームページに採用情報が公開され，正式に**エントリー（資料請求）が可能になる時期**が3月なのであって，就職倫理憲章にとらわれない多くの他の大企業や外資系企業，中小企業などはそれ以前からスタートしているのが現状です。まずは，本当の就活実態を自分でしっかりと確かめてみることです。

就職活動学年	3年生				4年生			
	3年前期	夏休み	3年後期		4年前期	夏休み	4年後期	
	4〜7月	8〜9月	10〜2月	3月	4〜7月	8〜9月	10〜12月	1〜3月
就職活動段階	意識期	強み形成期	準備期	開始期	1次募集選考・内定		2次募集選考・内定	3次募集選考・内定
自己分析	→	→	→	→	→	→	→	→
業界研究	→	→	→	→	→	→	→	→
企業研究	→	→	→	→	→	→	→	→
エントリー開始				→	→	→	→	→
企業説明会				→	→	→	→	→
採用試験					→	→	→	→
内定取得					→	→	→	→

図3-1　一般的な就職活動日程

結論は，4年生になる前の3月から就活を始めていては遅いということです。図3-1のようにエントリーが可能になるまでにやるべきことはたくさんあるのです。先輩たちはみずからの就活をふり返って，就職を「早いうちから考えておくべき」と7割強の人たちがアドバイスをしています。これは，毎年くり返して言われており，「学生生活をもっと楽しみたい」「他にやりたいことがある」などで就活そのものを先送りしてスタートを遅らせてきた結果なのです。後悔しないように，満足のいく就活をするためには，やはり**早期から就職について考えること**が必要なのです。

(2) 就活をいつ開始するか

では，いつから就活を始めればよいのでしょうか？　その前に，早く就活を始めるメリットとは何かを考えてみましょう。その答えは，**早く就活を始めた人ほど就職に向けての準備が整い満足のいく就活ができた**という事実です。つまり，志望企業等に就職できる可能性がより高いということです。目指す目標が早く明確になればなるほど，そのための準備がしっかりとできるというわけです。入学後なら，**キャリア教育科目の受講**を機に，自分自身のこと，社会のことについて考えるところから**自身の就活をスタート**するのもいいでしょう。

できれば1年前の3年生前期から就職を意識して，**自己分析**と**業界研究・企業研究**から始めてもらいたいものです。その理由は，夏休みをいかに有効に過ごすかが翌年の内定取得に大きく結びつくからです。**夏休みにインターンシップに参加**するためには，その申込期間である前期に，どんな業種・業界の企業のインターンシップを受講すべきか見極める必要があります。それまでに，自己分析と業界研究・企業研究がある程度終わっていれば，より効果的なインターンシップ体験ができるからです。インターンシップを通して自分の強みをつくり出すことができるのです。秋から就活を始めて，新たに強みをつくり出すのは時間的に困難なことです。だからこそ，インターンシップに参加するしないにかかわらず，自分のやりたい仕事に就くためには，夏休みの有効活用を考えると遅くとも3年生の前期から意識を高めてスタートする必要があるのです。

就活は3年生前期から意識して動いていこう！

3.2 就職活動の準備 研究編

卒業後に就職する意味・意義

(1) 企業の新卒者採用理由

　企業が新卒者を採用する理由はさまざまですが，おもな理由としては，①**将来の幹部候補の確保**，②**組織の存続・強化**，③**人員構成の適正化**などが挙げられます。企業にとって，**新卒者の定期採用**は，業界で生き残っていくために欠かすことのできない**人事戦略**なのです。新卒者採用の魅力はどこにあるのか考えてみましょう。新卒者は，基本的に社会経験がありません。実は，**社会経験がないことが一番の魅力**とも言えるのです。つまり，採用企業の新人研修やOJT（on the job training）によって，**自社の経営理念や社風に合った人材に教育できること**，中途採用の経験者よりも**低賃金で雇える**ことも大きな理由になっています（図3-2参照）。

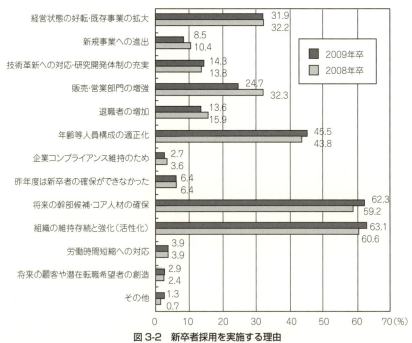

図3-2　新卒者採用を実施する理由

マイコミ採用サポネットより（http://job.mynavi.jp/conts/saponet/shinsotsu/about/index.html）

(2) 新卒者で就職する意味・意義

　「大学を卒業したら本当に就職しなければならないのでしょうか」，4年間という限られた時間の中でその答えを見つけ出すのは容易なことではありません。答えが見つからなくても自分なりに「**何のため誰のために働くのか**」を真剣に考えてみましょう。「生活のため」「遊ぶため」「家族のため」「世の中のため」「自分のため」などいろんな答えが出てくるはずです。この答えに正否があるわけではありませんが，人生において**主体性**を持って働くこと，1人ひとりの**自己実現を達成する**ために働くことが各自の答えを解く鍵となりそうです。

　「何のため誰のために生きていくのか」，**自分なりの人生哲学を構築**して，自己実現の目標が具体的にできれば，「働く」意味も明確になってくるでしょう。就職することよりも大事なこと，重要なこと，やるべきことが4年間で見つかったなら，卒業後すぐに就職する必要はないかもしれません。「**就職**」前の**猶予期間**は人によって違いますが，いつかは就職をして自分の力で生活費を稼ぎ，家族も養っていかねばならない**現実**とも向き合う必要があります。

　企業の新卒者採用は，まだ社会経験のない現役大学生を対象としています。大学を卒業したあとの就職活動は，学生時代の就職活動とまったく違います。フリーター時代のアルバイト経験は，キャリアとして履歴書に書くことはできず，就職活動は学生時代と比べてずっと苦戦したものになるでしょう。**新卒者で就職すること自体が1つのブランド**と見られています。大学卒業後に就職するのは，**人生の節目**における1つのけじめにもなり，自分が将来に向けて**成長・飛躍する大きなチャンス**でもあるのです。

　企業は，新人を一人前にするには多額の経費をかけて丁寧に教育・指導していきます。**新人研修**もその1つですが，新卒者であればこそ，こうした研修も受けることができるわけです。研修で社会人として身につけなければならないことや必要とされる知識・スキル等も学べるのです。中途採用ではこんな機会は与えられないでしょう。**人生最初のキャリア**です。タイミングを逸することなく，後悔することのないように，主体性を持って若者らしく思い切ってチャレンジしてみたいものです。

ファーストキャリアは今後の人生を大きく左右する！

3.3 就職活動の準備 研究編

就職情報の収集

(1) 就職環境の実態を知る

2008年秋以降の世界的な金融危機から雇用情勢は急激に悪化し、内定取り消しを行う企業が多数現れ、バブル期並みの**売り手市場**だった大卒の就職環境も冷え込みましたが、数年で回復傾向に変わってきました。

就職環境を知るには、**求人倍率**が1つの指標となりますが、重要なのは表面的な数字ではなく、**冷静な実態分析・実態把握**です。たとえば、2009年3月卒の求人倍率は2.14倍の売り手市場でしたが、従業員1,000人以上の企業の求人倍率は0.77倍、逆に、1,000人未満の企業は4.26倍でした。また、製造業は2.64倍、流通業は7.15倍、金融業は0.35倍、サービス・情報業は0.75倍と、企業規模や業種・業界によっても大きく相違しており、一概に売り手市場とは言えないものでした。さらに現在は、どの企業も優れた人材を求めて、量よりも質を重視した**厳選採用**が行われています。**毎年変化する就職環境**（図3-3）に一喜一憂するよりも、**早い時期から万全の準備を進め、どんな就職環境においても対応できる力**、エンプロイアビリティ（就職能力）を身につけることが一番重要なのです。

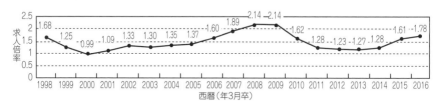

図 3-3 大卒求人倍率の推移
㈱リクルートワークス研究所「第32回ワークス大卒倍率調査（2016年卒）」より作成

(2) 就職情報はどこで調べるか

最も確実で信頼のおける情報が収集できる場所は、自分の大学の**キャリアセンター（就職課）**です。キャリアセンターには、毎年多数の企業等から大学宛に求人が来ていますし、先輩たちが残した過去の就活に関するデータも多数保管されています。キャリアセンター主催の**就職ガイダンス**や**就職セミナー**、会

社説明会などでは就職に関する最新情報以外に，**自己分析の仕方**や**履歴書の書き方**，**筆記試験対策**から**面接試験対策**まで実践的に指導してくれます。キャリアセンターにまめに足を運ぶことが実は就活をうまく乗り切るための一番の近道なのです。

　現在最もポピュラーな情報収集は**インターネットを活用した情報収集**です。**企業のホームページ**だけでなく，**就職情報サイトに登録（ナビ登録）**しなければ得られない情報もかなりあり，就活を効率よく乗り切るためには，就職情報サイトを運営している複数社にナビ登録して有用な情報等をいち早く収集・活用するのがポイントです。図書館に行けば**経済新聞**や**業界新聞**などもあります。じっくり目を通す習慣をつけて，社会人に必要とされる知識・常識などを身につけましょう。また，「**就活本**」も多数市販されているので自分に合ったものを選び参考にするのもよいでしょう。情報収集はとても大事なものです。でも，情報に溺れず踊らされず，**次の行動に移すための情報収集**であることを忘れずにいて下さい。

(3) 就職の相談をする

　あなたにとって一番身近な人は誰ですか？　両親，友だち，先輩，後輩，ゼミの教員，アルバイト先の上司など身のまわりにはたくさんの人がいるはずです。就職を経験している人たちからは業界の話から志望動機，体験談，アドバイスなども聞くことができるでしょう。未経験の人たちとはお互いに持っている情報を交換しあうがことができます。就活中（会社説明会や採用試験など）に出会った**他大学の学生たちとも積極的に情報交換**するのも大事なことです。

　キャリアセンターを気軽に訪ねてみましょう。キャリアセンターには，ありとあらゆる情報が集まってきます。自分の知りたいことを質問して疑問や不安を解消して下さい。大学によっては，専門の**キャリアカウンセラー**を配置しているところもありますので，**キャリアカウンセリング**を受けてみるのもいいでしょう。最新の就職情報の提供や内定取得のテクニックの指導だけではなく，**不安になった時やモチベーションの低下時**にこそ本当に心強い味方となってくれるはずです。就活に困ったらひとりで悩まず**身近な人に相談**しましょう。

キャリアセンターは就職情報の宝庫である！

3.4 就職活動の準備 研究編

就職のための自己分析

(1) 就職用の自己分析

「何がやりたいのかわからない」「何に向いているのかわからない」この2つが就活を開始する際に**最も多い相談事項**です。自分自身のことがわからずに就活することはできません。

これらの答えを導き出すには自己分析をすることです。では，どんな自己分析をすればよいのでしょうか？　臨床心理学分野で使用される専門的な心理テストよりも就職することを前提とした**適性検査**のほうが実践的で就活には役立つでしょう。ただし，検査結果を鵜呑みにせず，**解説を読みこなして活用することが重要**なのです。各大学で実施していることも多く，できるものなら早めに受けて，自己分析の参考にするとよいでしょう。

有料の就職適性検査を受けなくても就職用の自己分析のやり方・考え方さえ理解・把握できれば自分ひとりでも自己分析は可能です。何ゆえ自己分析するのかもう一度考えてみましょう。**自己分析自体の目的は自己理解のためのもの**です。では，何を自己理解すればよいのでしょうか？　その答えが，冒頭の2つの相談事項の答えなのです。つまり，「何がやりたいのかわからない」というのは，みずからの**興味・関心**であり，「何に向いているのかわからない」というのは，みずからの**能力・適性**なのです。興味・関心と能力・適性の2つが**自己理解の中核**と言えるでしょう。**興味・関心は主観的で，能力・適性は客観的**です。この両方を満たす企業等を探していくと「適職」に出合えるかもしれません。

また，興味・関心は企業の志望動機に，能力・適性は自己PRになるものです。履歴書・エントリーシートの作成や面接試験対策の準備に**直結している**ことをぜひ憶えておきましょう。

(2) 5分でわかる就職のキーワード

「何がやりたいのかわからない」「何に向いているのかわからない」この答えを具体的にする**最も簡単な自己分析**があります。一番最初の自己分析に，「**5分でわかる自己分析**」を実際に5分でやってみましょう。

【5分でわかる自己分析】

「働く」ことをイメージして以下の「わたしは……」に続く文章を完成しなさい。
（前半の2分30秒で①〜⑩，後半の2分30秒で⑪〜⑳をする）

① わたしは（　　　　　　　　　　　　）に興味・関心がある。
② わたしは（　　　　　　　　　　　　）に興味・関心がある。
③ わたしは（　　　　　　　　　　　　）に興味・関心がある。
④ わたしは（　　　　　　　　　　　　）に興味・関心がある。
⑤ わたしは（　　　　　　　　　　　　）に興味・関心がある。
⑥ わたしは（　　　　　　　　　　　　）に興味・関心がある。
⑦ わたしは（　　　　　　　　　　　　）に興味・関心がある。
⑧ わたしは（　　　　　　　　　　　　）に興味・関心がある。
⑨ わたしは（　　　　　　　　　　　　）に興味・関心がある。
⑩ わたしは（　　　　　　　　　　　　）に興味・関心がある。
⑪ わたしは（　　　　　　　　　　　　）に能力・適性がある。
⑫ わたしは（　　　　　　　　　　　　）に能力・適性がある。
⑬ わたしは（　　　　　　　　　　　　）に能力・適性がある。
⑭ わたしは（　　　　　　　　　　　　）に能力・適性がある。
⑮ わたしは（　　　　　　　　　　　　）に能力・適性がある。
⑯ わたしは（　　　　　　　　　　　　）に能力・適性がある。
⑰ わたしは（　　　　　　　　　　　　）に能力・適性がある。
⑱ わたしは（　　　　　　　　　　　　）に能力・適性がある。
⑲ わたしは（　　　　　　　　　　　　）に能力・適性がある。
⑳ わたしは（　　　　　　　　　　　　）に能力・適性がある。

制限時間内にいくつ書けましたか？　あまり書けなかった人は，「興味・関心」を「〜が好きである」に，「能力・適性」を「〜が得意である」に置き換えてもう一度やってみましょう。自分のキーワードを見つけ，本格的な自己分析へのきっかけにして下さい。

興味・関心と能力・適性を自己理解しよう！

過去をふり返る深い自己分析

3.5 就職活動の準備 研究編

(1) 浅い自己分析と深い自己分析

「複数社に内定取得した人と1社も内定取得できない人の差はどこにあるのでしょうか」 決して就職に対する「やる気」の差ではありません。誰しも内定を取得したい気持ちは同じです。いろんな要因はあるでしょうが、1つ言えることは、**適切な自己分析ができているか否か**ということです。適切な自己分析とは**興味・関心と能力・適性を自己理解する**ことですが、**内定者と未内定者との差は実は自己理解の深さに大きな差がある**のです。

わずか4年足らずの大学時代の自分に焦点を当て、自己分析をしただけでは、本当の興味・関心、能力・適性は見えてきません。今の自分があるのは、小・中・高と過ごした12年間の時間のうえに成り立っているのです。過去の自分と向き合わずして、深い自己分析はできるものではありません。過去をふり返ることで、**現在の興味・関心、能力・適性のルーツも発見できる**はずです。生まれてから現在までの自分史やライフラインチャートを作成してみることです。当事の出来事を思い出しながら、その時の**感情**や**成功・失敗体験**、そこから**得たこと、学んだこと**などを整理していくと見事に自分の興味・関心と能力・適性が集約でき、面接試験などでも自信を持って**志望動機**や**自己PR**を語れるはずです。**過去の自分ときちんと対峙できた人の多くは、自分軸が大きくぶれる**ことなく内定取得して就活を終えています。この作業は、とても大変な作業ですが、そこから得られるものは、就活後においても、きっと自分の大きな財産となって残っていくでしょう。

(2) ライフラインチャートを作成する

心の満足度は、0から上が**プラス（楽しかった、嬉しかった、満足した）**、下が**マイナス（悲しかった、辛かった、満足しなかった）**で**曲線**を描きます。山や谷にあった出来事を思い出しながら、「記憶に残った理由」「成功体験／失敗体験」「得たこと・学んだこと」などを記入して、当時の自分の「興味・関心／能力・適性」をまとめてみましょう。

ライフラインチャート

	出生〜小学校	中学	高校	大学
記憶に残った出来事				
記憶に残った理由				
成功体験／失敗体験				
得たこと・学んだこと				
興味・関心／能力・適性				
10 心の満足度高い 0				
心の満足度低い -10				

 深い自己分析が自信を確信に変える！

3.6 就職活動の準備 研究編

戦略的自己PRの作成

　自己分析の目的の1つは**自己PRを作成**することにあります。能力・適性はみずからの強みであり，自己PRを形成するものです。また，自己PRは「**自分を活かせる**」仕事から考えれば志望動機にもなるのです。戦略的自己分析とは，**自分独自の自己PRを作成**することです。

　自己PR，すなわち**セールスポイント**を考える際に，効率よく論理的に導き出すには**マトリクスを使用して整理する**とよいでしょう。**学業，クラブ活動，アルバイトが自己PRの3本柱**です。1つずつ分析していくと，履歴書やエントリーシートにすぐに記入可能なネタが浮かび上がってくるでしょう。マトリクスには，**名称・内容，選択理由，得たこと，セールスポイント（身についた力），エピソード**を記入し，項目ごとに横に見ていきます。例を以下に挙げます。

名称・内容：人文学部心理学科　　**選択理由**：人間の行動に興味があった
得たこと：価値観の多様性に気づいた　　**セールスポイント**：観察力，傾聴力
エピソード：オープンキャンパスで高校生の入学相談に乗った。

　このようにしてクラブ活動やアルバイトも同じ要領で記入していきます。セールスポイントは同じものが何度も出てくることもあれば，項目ごとに違うものが出てくることもあります。同じものなら間違いなくそれは自分のセールスポイントと言えるでしょう。どの項目においても，その「**力**」を発揮しているわけです。また，違ったものが出てきた場合は，**自分らしさを一番表すものをセールスポイントとして前面に出す**とよいでしょう。エピソードは，それぞれの**セールスポイントが本当であることを立証するための実体験**です。説明する相手に自分のイメージ通りに伝えるためには，**具体的な数字を取り入れて語る**ことです。エピソードは質と数がものを言います。数がたくさんあれば，セールスポイントは確かなものになるし，質が高ければ，そのレベルの高さを証明できるわけです。マトリクスは，面接試験で質問される項目のＱ＆Ａにもなり，**面接試験対策にも使える**「すぐれもの」なのです。

戦略的自己PRマトリクス

項目	名称・内容	選択理由	得たこと	セールスポイント	エピソード
学部・専門ゼミ 卒論テーマ 得意科目					
クラブ・サークル ボランティア グループ活動					
アルバイト インターンシップ 就労体験					
長所（性格） 強み・好きなこと 自信のあること					
短所（性格） 弱み・嫌いなこと 自信のないこと					
夢・目標 未来の自分 やってみたいこと					

 point 自己PRはセールスポイントのエピソードを具体的・論理的に語ろう！

3.7 就職活動の準備 研究編

業種・業界研究

(1) 業種・業界の業務内容から調べる

　業種は，**日本標準産業分類**では，A 農業・林業，B 漁業，C 鉱業・採石業・砂利採取業，D 建設業，E 製造業，F 電気・ガス・熱供給・水道業，G 情報通信業，H 運輸業・郵便業，I 卸売業・小売業，J 金融業・保険業，K 不動産業・物品賃貸業，L 学術研究・専門技術サービス業，M 宿泊業・飲食サービス業，N 生活関連サービス業・娯楽業，O 教育・学習支援業，P 医療・福祉，Q 複合サービス事業，R サービス業（他に分類されないもの），S 公務（他に分類されないものを除く），T 分類不能の産業，に大きく分類されています。**証券コード協議会**では，製造業はさらに食料品，繊維製品，パルプ・紙，化学，医薬品，石油・石炭製品，ゴム製品，ガラス・土石製品，鉄鋼，非鉄金属，金属製品，機械，電気機器，輸送用機器，精密機器，その他製品に，運輸・情報通信業は，陸運業，海運業，空運業，倉庫・運輸関連業，情報・通信業に，金融・保険業は，銀行業，証券・商品先物取引業，保険業，その他金融業に，ともう少し細かく分類されています。

　まずは，**どんな業種があるか**を知り，次に，各業種の**業務内容**を研究することです。世の中の企業が業種によって，社会へのかかわり方や貢献の仕方が異なっていることに気づくでしょう。各業界の**仕組み**や**問題点**，**将来性**などもあわせて研究してみることです。業種・業界情報は，**インターネットで検索**すれば詳細がわかりますし，**新聞や就職関連の情報誌**などにもたくさん出ています。

　市販の「**業界地図**」などはとてもわかりやすい就活本です。**知っている**業種・業界は，これまでの知識や情報等の正否を確認するつもりで，**知らない**業種・業界は，運命の仕事と出合えるように**好奇心**を持って調べてみましょう。

(2) 自分の選択基準を見つける（自分軸）

①**興味・関心**　「旅行が好きだから旅行業界」と，「**好き**」だけをキーワードにして選択すると**大きな落とし穴**があることも知っておきたいものです。遊びの旅行と仕事の旅行（添乗やガイド）は全く別物で，お客様をお世話することが仕事なのです。旅行が「好き」よりもお客様のお世話をするのが「好き」な人

が向いているのです。人のお世話が苦手な人は，旅行は仕事ではなく，趣味のままにしておくほうがいいかもしれません。

②**価値観**　「土日・祝日は休みたいですか？」この質問に「Yes」の人は，**小売業**（デパートやショッピングセンター等），**飲食業**（レストラン等），**レジャー産業**（テーマパーク，映画館等）などを選択するのは避けたほうがよいでしょう。土日・祝日（年末年始やGWを含む）こそが稼ぎ時で出勤が余儀なくされる業界だからです。人が休みの時に休みたい人，友だちや家族との時間を大事にしたい人，将来子どもの学校行事（運動会，日曜参観等）に絶対参加したい人などは，実は，こうしたことを真面目に考えて業種・業界を選択する必要があるのです。逆に，答えが「No」の人はこれらの業界は狙い目となるでしょう。

③**能力・適性**　航空会社の客室乗務員やテレビ局のアナウンサーになりたい人はたくさんいますが，みんながなれるわけではありません。それなりの能力・適性が必要とされます。企業にとっては，「やりたいこと」や「やってみたいこと」よりも「できること」「やれること」のほうが仕事（お金）になるのです。他人より「できること」を考えて業種・業界選択をするのは堅実な方法と言えるでしょう。

④**お金**　「業種・業界で**平均年収**に大きな格差があるのをご存知ですか？」年収ラボ（http://nensyu-labo.com/）によると，平均年収が1,000万円を超えている業種・業界もあれば，500万円を切っている業種・業界もあります。これが，**生涯賃金**になると億単位で格差が生まれてきます。そうなると，収入の多寡で業種・業界を選択することも生活していくことを考えれば重要な要素となりそうです。ただ，**収入が多くてもやりがいのない仕事**もあれば，**やりがいがあっても収入の少ない仕事**もあります。大事なことは，収入とやりがいの両者を自分なりのバランスを考えて選択していくことではないでしょうか。

　どうしても選べず絞り込みができない人は，「選ぶ」のではなく「捨てる」ことを考えてみてはいかがでしょうか。どうしてもやりたくない仕事や嫌いな業界を1つずつ取り除いていく**消去法**が有効です。よほどやりたくないことや嫌いなことでなければ仕事は続けられるものです。

> **point**　業種・業界選びは自分軸を探すこと！

3.8 就職活動の準備 研究編

職種研究

(1) 職種とは職業の種類

　業種・業界を絞り込んで企業を選択するケースは多いのですが，なかなか思い通りに進まない人は，**職種から先に考えてみること**をお勧めします。実は，「**やりたい仕事**」「**なりたい職業**」というのは職種に関連するものだからです。

　村上龍の著書『13歳のハローワーク』には514種類もの職業が掲載されています。その中には，職業そのものを表す名称であったり，資格名であったり，いろんな職業があることに驚くはずです。**職業選択は職種選択**とも言えます。

　職種とは，一言で言えば，職業の種類のことです。職種は企業ごとに相違しているものですが，事業を運営していくうえで共通の職種も結構あります。代表的なものとして，**営業職，事務職，専門職，技術職**などが挙げられます。

　単に営業職といっても，営業先が個人か法人か，営業対象物が有形物か無形物かで営業内容や営業方法などが異なります。さらには，業種・業界によって営業内容等は大きく異なっています。**業種・業界研究も並行して調べてみましょう**。しかし，何を誰に売ろうと営業に大切なのは，営業する本人と顧客との「**信頼関係**」なのです。逆に言うと，顧客との「信頼関係」が結べる人なら誰でも営業は可能なのです。

　事務職も**経理，人事，総務，法務，企画，広報**といった多数の部門があります。各部門の仕事内容等をイメージだけでなく**実際に詳しく調べてみましょう**。自分の興味・関心，能力・適性がどの部門なら活かせるかをしっかり考えて選択する必要があるのです。営業が嫌だから事務を選択するという考え方では狭き門の突破は難しいでしょう。

　専門職は，各業界・各分野で**スペシャリスト**として活躍できるくらいの**高度な知識・スキル等が要求される仕事**です。中には，**国家資格**を必要とする仕事も多数あります。企業から将来**独立して開業可能**なもの（たとえば，弁護士，弁理士，税理士など）も多く，**企業という枠を超えて自由に仕事をしたい人**には向いているかもしれません。**資格取得に関する情報**も収集してみましょう。

　技術職は，**理系の学生に関連する仕事**（システムエンジニア，プログラマー

など）が多いのが特徴です。研究所の中で研究・開発に携わる仕事もあれば，工事現場で施工・管理・監督する仕事もあり，多種多様ですが，自分の持つ技術をどこで活かしたいか，どこなら活かせるかを考えれば進むべき方向性が見えてくるのではないでしょうか。

(2) 総合職か一般職か

　企業の採用方法には，「総合職」「一般職」という区分で求人するケースも増えています。通常「**総合職**」は，**将来の経営幹部候補**として業務を行う職種で，残業はもちろん**転勤を伴う**職種です。一方の「**一般職**」は，「総合職」の**補助・補佐的**業務が中心で，転勤がない職種です。そのため，「総合職」と「一般職」では，**給与**，**福利厚生**，**昇進**などに差のあることも多いのが現状です。特に，「総合職」は営業職，「一般職」は事務職が多いのが特徴です。「一般職」は，**非正規社員**（パートや派遣社員など）でまかなわれることも多く，**正規社員**としての採用は減少しています。その背景として，企業が利益を上げ，業界で生き残っていくには，収益を直接生み出す営業職を「総合職」として正規採用し，直接収益を生まない事務職を「一般職」として経費節減を名目にアウトソーシングして非正規社員の採用を推進してきたことが挙げられます。

　「総合職」「一般職」「正規社員」「非正規社員」のどれを選択するのが良いのか，良くないのかという問題ではなく，それぞれの特徴を理解したうえで，**自分の生き方，キャリアデザインに合わせて選択することが重要**なのです。

　職種選択は，価値観もさることながら**性格に影響を受ける傾向**にあります。ミスマッチを防ぐためにも，みずからの**価値観や性格なども客観的に自己分析**して，職種選択に活かしてほしいものです。

point　職種選択こそ一番重要な職業選択だ！

企業研究

（1）企業選択基準

　「業種・業界研究」も「職種研究」も最後はどこの企業で働くかを決めるためのものと言っても過言ではありません。最初から入社したい企業があるのならば，当該企業の詳細な情報収集から始めるのもいいでしょう。自己分析がまだの人も，**企業研究を先に進めていくことで自己理解を深める**こともできるのです。たとえば，すぐに志望企業が浮かんだ人は，なぜその企業に注目し，選択したのかを考えてみることです。たぶん，マスメディアによく出てきたり，日常生活の中に入り込んでいる大企業がほとんどではないでしょうか。**知名度**や**安心感**が企業を選ぶ基準になっていませんか？　その基準が良い悪いというのではなく，自分がその企業で**満足して働いていく**ためには，もっとたくさんの基準や視点を持って企業選択をしていく必要があるということです。

　就職人気企業ランキングは，大学生に対する企業のイメージ戦略が成功している順番とも考えられます。その時代の世相を映し出しているものです。単なる企業イメージではなく，**自分の企業選択基準（自分軸）をしっかりと見つけることが大事**なのです。入社希望条件のような願望ではなく，現実的で，自分はもちろん，**選択された企業にとっても納得のいく基準**が確立できれば，**自動的に強力な志望動機にもなっている**はずです。あとは，その企業選択基準に従い企業研究を進めていけばよいだけです。

　企業情報は，ホームページやパンフレットに詳細に出ていますが，基本的に自社の良いところしか公表しないものです。**客観的な情報や評価を調べること**が重要です。**日本経済新聞**や**会社四季報**なども活用しましょう。また，**就職四季報**は就活に実践的に役立つ情報を満載しています。企業選択基準（自分軸）の確立に参照してみるのもいいでしょう。

（2）企業分析のポイント

　企業のホームページやパンフレットには，**経営理念や社是**など企業選択・決定に必要な重要情報がたくさん出ています。中でも会社四季報や就職四季報などにコンパクトにまとめられている**財務データ等**は，とても重要な企業選択基

準の1つです。上場企業であれば，財務情報はホームページには必ず出ていますので，より詳しくチェックすることも必要です。近年の**決算データを会計分析**してみると，意外に企業が現在抱えている問題点などが浮き彫りにされ，知名度だけという安易でリスキーな企業選択もなくなるでしょう。**安定性や成長性**を企業選択基準にしているなら最低限の会計分析の知識は自己責任上，身につけておきたいものです。

　就活において，最も重要な企業情報の1つに**求人情報**があります。**同業他社と比較して徹底的に分析**していきましょう。**採用人数，職種，勤務場所，初任給，通勤交通費**などの**福利厚生**，そして，見落としてはならないのが企業の「**求める人材**」「**求める能力**」です。エントリーシートや面接試験でも企業が「求める人材」「求める能力」を自分自身がちゃんと保有していることを**自己PR**の中に組み込んで対処していくことが内定取得につながることを覚えておきましょう。いくら自分が相手企業に**興味・関心**を持ったとしても，相手企業の「求める人材」「求める能力」がなければ採用は難しいものとなります。

　上述したように企業の経営理念や財務データ，求人情報などを中心に**自分独自の企業選択基準項目**をチェックする**企業分析ノート**を作成することをお勧めします。企業分析ノートは，エントリーシートの作成や面接試験，そして内定取得をするまで役立つノートです。また，この**企業分析ノートは自己分析ノート**でもあるのです。就活を最後まで乗り切る心の糧となる大事なものです。満足のいく就活を終えた人には，間違いなく青春の証となっていることでしょう。

point　企業選択基準こそ志望動機そのものだ！

3.10 就職活動の準備 研究編

公務員・教員試験と大学院試験

(1) 公務員試験

　経済環境が悪化すると公務員志望者が増加するのは，今も昔も変わりません。**安定した身分保障**が人気の公務員ですが，**国家公務員**と**地方公務員**に分類され，その職種は多岐にわたっています。また，公務員（国家公務員・地方公務員）になるには，公務員試験に合格しなければなりません。受験する職種により，試験日程，試験内容，難易度は大きく異なる上，年齢制限等もありますので，より注意して調べる必要があります（表3-1 参照）。

　民間企業と同様に，興味・関心と能力・適性を自己分析して，**自分に合った職種研究（試験情報含む）**をしましょう。その際に，**過年度の試験日程も把握**しておくと，受験勉強のスケジュールが明確になり，やる気も起こるというものです。公務員試験は，競争倍率も高く，合格するには**早い段階からの準備・対策が必要**です。学内で開催される公務員受験講座があるなら有効に活用するのもいいでしょう。公務員試験は，**筆記試験をできるだけ高い得点でクリア**で

表3-1　公務員試験（行政・事務系）の種類

		試験名	勤務先	業務内容
国家公務員	司法	裁判所職員総合職・一般職（裁判所事務官）	各裁判所	各種裁判事務及び総務・人事等の司法行政事務全般
		裁判所職員総合職（家庭裁判所調査官補）	各家庭裁判所	紛争当事者や事件送致された少年・保護者に対し，紛争原因や非行に至った生活環境等を調査
	立法	衆議院事務職総合職・一般職	衆議院事務局	衆議院の運営事務・国政調査事務等
		衆議院法制局総合職	衆議院法制局	法律案・修正案の作成，法制に関する調査
		参議院事務職総合職	参議院事務局	参議院の運営事務・国政調査事務等
		参議院法制局総合職	参議院法制局	法律案・修正案の作成，法制に関する調査
		国立国会図書館総合職・一般職	国会図書館（東京本館・関西館）	国会議員の立法等に関する調査研究活動補佐，国民への参照サービス
	行政	国家公務員総合職	中央官庁	1府12省庁の幹部候補（行政立案・実行）
		国家公務員一般職	中央官庁及び地方出先機関	地方出先機関の幹部候補（国と地方の橋渡し）
		国税専門官	国税局・各税務署	国税調査官・国税徴収官・国税査察官
		労働基準監督官A（法文系）	各労働基準局・労働基準監督署	労働条件の確保・改善のための監督・指導
		財務専門官	財務局・財務事務所	財務局における国の予算及び決算，国有財産の管理等，金融機関等の検査等
		外務省専門職員	外務省・在外公館	地域の情報収集・分析，国の政策立案を支える
		防衛省専門職員（語学・国際関係）	語学（内部部局）	諸外国との交渉・通訳，海外資料の収集・分析
			国際（情報本部）	国際関係・地域情勢，軍事情勢の収集・分析
		法務省専門職員（法務教官等）	刑務所・少年院等	被収容者の監督指導，少年の矯正教育等
地方公務員		地方上級（都道府県・政令市・特別区）	各自治体本庁，出先機関	広域的事務・社会福祉，総合開発
		市役所（上級等）		住民生活に密着する基礎的な事務・都市計画

TAC（株）「公務員採用試験基本データブック」2015より

きるかが合否の分かれ目です。最後まで公務員に絶対なるという**強い意志**を持って**計画的に**受験勉強を進めれば夢はきっと叶うでしょう。

(2) 教員試験

公立の小・中・高の先生は地方公務員です。公立学校の先生になるには，**都道府県の教員採用試験に合格**する必要があります。まずは，受験できる**免許の種類を確認**してから募集要項を取り寄せましょう。教員試験は，**学校の種類，教科別に実施**されます。これまでは，**一次試験（筆記等）**は，大体7月中に行われ，一次試験合格者に対し，8月から9月にかけて**二次試験（面接等）**が行われています。公務員なので，合格，即採用ではなく，**採用候補者名簿に登録**され，欠員状態により採用が決定します。また，私立学校の場合は，**学校ごとに採用試験**があり，年度によって募集がない場合もあるので注意して下さい。

卒業単位以外に**教職課程科目**を履修し，**教育実習**にも行き，大学生活の大半を教員になるための時間に費やしてきたわけです。最後まで，初心を忘れることなく，夢をあきらめずに挑戦してほしいものです。

(3) 大学院試験

とりあえず，就職したくないからといって安易に大学院進学を考えてはいませんか？　**大学院を修了しないと就けない職業**を希望しているなら迷いはないはずですが，事前にその職業に就ける可能性や将来性などもしっかりと把握したうえで進学を決定することをお勧めします。

自学に大学院が併設されているケースも多いですが，研究科によっては，入学希望者が多く，すんなりと進学できないケースもあります。特定の指導教員へのこだわりがないなら，併願も考えると進学の選択肢は広がるでしょう。ただ注意すべきは，併願の場合も，**指導を希望する教員の研究テーマ**は調査し，事前に直接話を聞いてから決定することが重要です。大学院試験は，**研究計画書の出来が合否を左右**します。十分に時間をかけて，筋の通った内容になるように準備をしましょう。**筆記試験**をおろそかにすると，いくらすばらしい内容の研究計画書であっても，面接でうまく応答できても合格はできません。筆記試験の**基準点をクリア**できるくらいの受験勉強は最低限必要です。

まず目の前の筆記試験合格に全力を尽くそう！

3.11 就職活動の実際 行動編

履歴書作成の前に

(1) リクルートスーツの購入

　大学の入学式や成人式のために購入したスーツが，就活にも着用できるものであればそれでも構いませんが，数か月間1着で使い回すとしわや汚れも出て目立ちますし，今後も着るわけですから，もう1着購入してはどうでしょう。その際に，ネクタイやシャツ，靴や靴下なども忘れずに準備しておきましょう。一番大事なのは，**清潔感**です。服装だけでなく，髪型やひげや爪などにも気を配りましょう。一度家族や友だちにチェックしてもらうといいでしょう。

　備品で忘れてはならないのが，**かばん，時計，スケジュール帳**です。かばんは，履歴書やパンフレット，資料などが折ることなく十分に入るもの，スーツに似合うものを選びましょう。時計も派手に目立つものは避け，社会人にふさわしいシンプルなデザインのものがいいでしょう。スケジュール帳は，就活になくてはならない必需品です。**会社説明会**や**面接試験**の日時，内容など数社分たっぷり記入できるスペースがあるものを探すのがコツです。自分が**一番書きやすく，すぐに確認しやすい**ものを選びましょう。このように，リクルートスーツなど外観から先に整えることで，就活の**モチベーション**も高まるものです。**実質的な就活のスタートは実はリクルートスーツの購入から始まるのです。**

(2) 履歴書の作成

　リクルートスーツは，**できるだけ早い時期に購入**することをお勧めします。購入したらすぐに**履歴書に貼付する写真**を撮りに行きましょう。スピード写真ではなく，必ず**写真専門店で撮影**することが重要です。採用の合否は，履歴書の写真1枚で決まってしまうことが往々にしてあるからです。**自分の分身が先に企業に行って選考を受ける**わけです。明るい好印象が持たれる写真を撮ってもらいましょう。

　リクルートスーツを購入して写真撮影が終われば，**履歴書を作成**しましょう。履歴書は，市販のものよりも**大学で販売している自学仕様の履歴書がベター**です。**大学生用**に作成してありますので，ゼミや卒論のこと，学生時代に頑張ったことなど，**自己PRできる箇所がたくさんある**からです。履歴書作成のポイ

ントは，とにかく，**一字一句気持ちを込めて丁寧に書くことです**。誤字は修正液を使わず新たに書き直すのは常識です。記入欄には，字の大きさや余白を十分考慮して**見た目にもバランスよくきれいに**書きましょう。大きすぎる字も小さすぎる字もよくありません。これまで自己分析・企業研究してきたことをわずかなスペースに伝えたいことを漏れなく書くためには，誰が見ても**論理的で読みやすい文章**に仕上がるまで**何度も下書き**をすることです。下書きができたら，キャリアセンターに行って**添削やアドバイス**をしてもらうとより**客観的で説得力のある履歴書**に変身することでしょう。また，キャリアカウンセラーがいるなら，専門的立場からぜひとも一度はチェックを受けておくと，自信を持って企業訪問ができるはずです。

(3) ビジネスマナーもチェック

会社説明会や面接試験に備えてビジネスマナーもこの際チェックしておくことです。**挨拶や入退室時の作法**だけでなく，**日常の言葉使い**，特に，アルバイトで使っている敬語などは要チェックです。**正しい日本語**が話せるように修正しておきましょう。**敬語がきちんと話せると「できる」学生と評価**されます。また，**携帯電話やメール**などにも普段の自分が出てしまいがちです。ビジネスマナーに自信のない人は，社会人としての常識・マナーを身につけるためのセミナーなどもいろいろありますので積極的に参加してみるのも効果的です。

 履歴書は自分の分身，魂を込めて書こう！

3.12 就職活動の実際 行動編

エントリーシート対策

(1) エントリーシートとは何か

　エントリーシート（ES）は，**企業の応募書類**で中身は**履歴書・自己紹介書**です。形式は，企業ごとに相違しており，企業側が知りたい項目が列挙されています。最近は，インターネットで入手できるケースがほとんどです。エントリーシートは，**企業への最初のアプローチ**となるもので，**一次選考の書類**として活用されています。また，**面接試験の際の質問事項**とも関連する大変重要な書類です。一次選考を通過して面接試験を受けるためには，「**ぜひ会って話が聞きたい**」と企業側に思わせる内容のものでなければなりません。なかなか面接試験に進めない人は，**エントリーシートの見直し**が必要です。

(2) エントリーシートの質問項目

　各企業のエントリーシートを分析すると**必ずと言っていいほど出てくる項目が3つ**あります。まず1つめは，「**学生時代に頑張ったこと（力を入れたこと）**」です。この項目のポイントは，大学での学生生活をどのように過ごし，そこから何を得たのか，その人の**価値観，行動特性，成長性**などを主に見るものです。2つめは，一番重要な項目である「**志望動機**」です。なぜこの企業を選択したのか，明確な理由づけがないと熱意は伝わりません。ホームページに出ている「経営理念に共感」だけでは，差別化できず埋もれてしまいます。**自分独自の限定理由**，すなわち，「**この会社でなければならない理由**」を書くことが他人**との差別化**につながります。ここでは，**志望動機の論理性**，やる気を見ています。そして3つめは，「**自己PR**」です。一方的に自分の強みを列挙するのではなく，志望企業の「**求める人材**」「**求める能力**」を意識して，自分の強みを伝えましょう。

　セールスポイントは，冒頭に明瞭に書くことがコツです。エピソードを添えて自分のイメージ通りに読み手に伝わるように正確に書きましょう。その際に，**具体的な数字を入れてわかりやすくセールスポイントのレベルの高さを立証**することです。ここでは，**能力，将来性**から企業で活躍できるかを見ています。そして，最後にもう一度セールスポイントや意欲を表す言葉で締めくくるのがコツです。

(3) エントリーシートを書いてみよう

　エントリーシートでは，**自分らしさを強調**しましょう。見出しのキャッチコピーを太字のサインペンにしたり，色を変えたり，枠で囲ったり，工夫を凝らすことも**独自化**のためには必要です。限られたスペースを有効に使うためには，スペースの倍以上の文章を書き出してからまとめていくことです。どうしても**伝えたいエッセンスを凝縮**してスペースの中に収めましょう。その際に，文字が小さくなりすぎないよう注意しましょう。字の上手下手はあるでしょうが，大事なのは，**絶対入社したいという気持ちを込めて丁寧に書く**ことです。

エントリーシート

Ⅰ．学生時代に頑張ったこと
Ⅱ．志望動機
Ⅲ．自己PR

＜留意点＞　Ⅰ，Ⅱ，Ⅲがつながるように書こう！

エントリーシートは書く面接だ！

3.13 就職活動の実際 行動編

会社説明会と OB・OG 訪問

(1) 会社説明会とは

　会社説明会は，基本的に当該会社が事業内容などを学生たちに紹介して興味・関心を持ってもらい，入社希望会社候補として選択肢に入れてもらうために行うものです。会社説明会には，①**個別説明会**，②**オープンセミナー**，③**合同説明会**，④**学内説明会**などがあります。通常の個別説明会は，1次選考を兼ねて行われる場合も多いので注意しましょう。オープンセミナーは，**誰でも参加可能な説明会で，選考を目的としていない説明会**です。合同説明会は，たくさんの会社が1つの会場に集まり合同で開催する説明会です。**各社ブースごとに分**かれており，自分の興味・関心のある業種・企業へ自由に参加できます。**学内説明会**は，大学内で単独及び複数の会社が参加して説明するものです。大学まで来て説明会を開催するということは，**採用の意思が十分ある**ということです。ぜひとも参加しておきたいものです。

　会社説明会の情報は，就職情報会社のサイトを中心に，各企業のホームページ，新聞等の広告，キャリアセンターの掲示板などから収集できます。気になる業界・企業がすでにある場合は，早い段階（できれば前年度を参考にする）からチェックしておきましょう。会社説明会への**参加申込方法**は，上記情報収集先から直接予約するケースや予約なしで参加できるものもありますので事前にしっかりと確認することが必要です。

　オープンセミナーはともかく，通常の個別説明会には，**履歴書の持参**はもちろんのこと，当日にエントリーシートの提出や**筆記試験，面接試験**なども行われることを想定して，**事前に十分な準備が必要です**。志望会社の確認ではなく，**選考と考えて心して参加**しましょう。

(2) OB・OG 訪問

　具体的に志望会社が決まったら，**会社訪問**してみましょう。会社説明会では聞けなかったことを採用担当者に説明してもらったり，実際に**働いている場所を見学**したりして，会社の雰囲気などを**自分自身の目と肌で体感**することができます。目的が志望会社に入社することなら，質問ばかりに終始することなく，

面接試験と考えて自己 PR することも忘れないで下さい。

　もっと詳しく本音の話を聞きたいのであれば，**OB・OG 訪問**をしましょう。同じ大学の先輩から，会社説明会や会社訪問で知り得なかった情報や採用試験や就活全体のアドバイスなどがもらえるかもしれません。

　では，OB・OG 訪問はどうすればできるのでしょうか。まず，OB・OG を探さなければなりません。ゼミやクラブ・サークルに先輩がいると簡単なのですが，いない場合は**友人・知人，ゼミ教員，キャリアセンター**から紹介してもらうのも１つの方法です。それもなければ，**直接志望会社に OB・OG 訪問を希望していることを連絡**してみることです。個人情報保護法により紹介してもらえないこともありますが，逆に，積極的に紹介してくれる会社もありますので，どうしても入社したい会社であるなら，あきらめずに連絡を取って OB・OG を探しましょう。

　運良く OB・OG に連絡が取れ，会えるようであれば，事前に質問事項をまとめておきましょう。会社のホームページやパンフレット等で公開されていることや説明会で説明されたことは除き，もっと突っ込んだ，どうしても聞いておきたいことに絞って質問しましょう。**OB・OG も会社（採用）側の人間**ですから，「**見どころのある学生**」と人事部に推薦してもらえるよう**積極的にアピール**しておきたいところです。

 point　**会社の実態を知りたければ中で働く人の様子を見よう！**

3.14 就職活動の実際 行動編

筆記試験・グループディスカッション・グループワーク

(1) 筆記試験

　エントリーシートと並行して筆記試験を行う企業がほとんどです。筆記試験は，多数の入社希望者の選考に重要な役割を果たしています。筆記試験の内容は企業によって違いますが，①**一般常識試験**，②**適性検査**，③**論文・作文**に大きく分類できるでしょう。最も多いのが一般常識試験で，国語，英語，数学の**基礎学力**を問うものから**時事問題**を問うものまでさまざまです。**SPI試験**は，多くの企業で採用されていますので，勉強する時間をつくって準備をしておきましょう。適性検査も**職務能力**をみるものや**性格・価値観**をみるものなどがあり，入社後の配属部署の参考にするケースも多いようです。論文・作文については，過年度の出題テーマなども調べておくと有利です。わからない場合でも，**起承転結**または**序破急**を意識して論理的に書くことが肝要です。日頃から新聞の社説などの要点をまとめるトレーニングをしておくと社会情勢の理解が深まり，文章力もついてくるでしょう。

(2) グループディスカッション・グループワーク

　近年，**一次選考**でグループディスカッションを**採用する企業が非常に増加**しています。グループディスカッションは，グループ面接とは違い，**学生間だけのやりとりで進行される**ことが多いので，「**普段（素）の自分**」が出ることも多く，採用側にとっては学生の真の姿も垣間見れる，とても有用な選考と言えるのです。**討議テーマ**は，**当該企業・業界に関連すること，最近の時事・社会問題**などさまざまですが，**討論形式**は，テーマの結論をまとめるものやディベートなどがあります。面接官が評価する視点にそれほどの違いはありません。要は，実際の仕事現場や会議の際にどのような役割で参加し，どのような貢献ができるかということです。つまり，グループディスカッションを通じて**協調性**はもちろん，**積極性**，コミュニケーション能力，リーダーシップ，創造性，論理性，客観性，気配りなどを見ているのです。

　受動的で自分の意見さえ述べることができない人は，討論の場に出席していないのと同じです。**積極的にかかわっていく姿勢**が大事です。その際に，テー

マが与えられたあと，**いかに早く自分の役割を見つけ，対処する**かがポイントです。司会，タイムキーパー，書記などの役割がありますが，それぞれの役割を確実にこなしつつ，**自分自身の存在をアピール**する発言をしなければなりません。大事なことは，他人の意見を否定することではなく，討論のゴールが何かを見極めた冷静な判断の下に，適正な意見が述べられるかです。討論のテーマとずれてきたなら，**軌道修正**するとともに，自分の考えを述べたり，時間が迫ってきたなら，**結論をまとめる**方向に入り，自分自身の結論を語ることも有効な自己アピールとなります。注意すべき事項は，グループで結論を時間内にまとめられなかった時などは，いくら優秀な人材でも**全体責任**が問われ，**全員不合格**もあり得ることです。そうならないためにも，他人のせいにするのではなく，自分に与えられた役割にとらわれず，**臨機応変に対応**して場の雰囲気を打開することも重要です。

　グループワークですが，基本的事項はグループディスカッションと同じです。ただ，実際に**体を動かして協同作業**を行うところが相違点です。内容は，**ゲーム形式**，**事業体験形式**などがあります。遊びではなく，**選考**であることを忘れずに，**グループディスカッションで求められていること**を意識してしっかりと自己アピールできるようにしましょう。

 積極的・協調的に発言し，ともにゴールを目指そう！

面接試験対策

3.15 就職活動の実際 行動編

(1) グループ面接の注意点

採用人数が多いと最終面接までグループ面接が行われるケースがあります。グループ面接のメリットは**短時間で多数の学生を直接比較できる**ところです。面接会場では，ライバルとの直接対決もあり，緊張度もかなりのものですが，**事前準備**を怠ることなくしっかりとしておけばそれほどの心配は要りません。志望動機や自己PRの内容が同じようなものであっても，あわてず**自分独自の限定理由やエピソード**を落ち着いて語ることができればOKです。ただ，**他の人の時間まで奪わないよう気配り**が大事です。また，自分が質問されていない時も，その応答に耳を傾けましょう。面接官は質問していない人の態度も見ています。近年は面接回数が増加する傾向にあります。それは，時間とお金をかけても少しでも優秀な人材を採用したいからです。面接回数が増えると，最後は，**飾らない素の自分の魅力**が合否を決めることになるでしょう。

(2) 1次面接から最終面接，面接官は何を見ているか

内定取得するまでの**面接回数**は，1次面接から最終面接まで企業によって相違しますが，**大体2〜8回くらい**行われます。面接で質問される内容にそれほど違いがあるわけではありません。**面接の2大ポイント**である「**志望動機**」と「**自己PR**」はどの面接でも質問されるでしょう。では，1次面接と最終面接とでは何が違うのでしょうか。**1次面接**の面接官が**若手社員**の場合，彼らは来年自分と同じ部署に配属され，隣のデスクに座るかもしれないという視点で評価するのです。つまり，「**同僚として一緒に働きたいか**」という視点です。**2次面接**では**管理職**である人事課長，人事部長が登場し，今度は「**部下として使えるか**」という管理職の立場で質問し評価するのです。**最終面接**では役員が出てきますが，「**将来会社の幹部になってくれそうか**」という経営者の視点で質問評価するのです。特に，最終面接では**入社の意思確認の質問**も随所に出てきます。**はっきり「Yes」**と意思表示することが内定を取得するコツです。

(3) 合否を分けるコミュニケーション能力

面接試験で合否を分けるポイントはいくつもあります。一番最初のポイント

は面接会場に入室する際の態度・雰囲気です。この一瞬で7〜8割方自分の印象が形成されてしまいます。企業が新卒者に望んでいるのは，「**明るく元気で積極的**」な人です。常に心がけておくことです。質問に入る前にマイナス点からのスタートでは面接試験をクリアするのは難しいでしょう。ゼロではなく**プラスからのスタート**で評価の上積みを目指しましょう。

　面接試験での面接官との応答は，しっかりと質問した面接官の**目を見て答え**るのは当然ですが，両脇に面接官がいるのなら，意識して**目線を送る気配り**も大事なアピールとなります。その際に，できるだけ**なごやかな笑顔を絶やさぬ**ことが好印象につながります。そして，何より重要なのは，面接官の質問に対し，**積極的にうなずき，あいづちを打って**話を聴いていくことです。いかに**質問の意図を汲みポイントをはずさず相手の望む答えを返すことができる**かです。丸暗記しただけでは，想定外の質問や表現方法を変えた質問に対して，頭の中が真っ白になり口ごもってしまいます。暗記は最低限必要なことですが，十分に消化したうえで，**自分なりの言葉で語る**準備をしておきましょう。

　「志望動機」には**限定理由**を取り入れ，「自己PR」には志望企業の「**求める人材**」「**求める能力**」を踏まえた**具体的エピソード**を語り，セールスポイントを身ぶり手ぶりを交えて**熱意を持って**アピールすることです。そして，そのセールスポイントが志望企業にとってどのようなメリットに結びつくのか，ここまで完結して自信を持って言い切ることができれば「**内定**」の2文字は向こうから近づいてくることでしょう。

　最後に，わざと意地悪な質問をしてその反応や態度をみる**圧迫面接**もたまにありますが，感情的にならずに**冷静**にそして**笑顔**で応答できれば十分です。圧迫でないのに，自信がなければ自然と圧迫面接と感じてしまうものです。また，面接試験に落ちると人格を全否定された気になりますが，それは，ただ**縁がなかった**だけのことです。自分の良さに気がつかない企業のことは忘れ，評価し縁をくれた企業に入社したいものです。

 面接では言語・非言語を駆使して熱意を伝えよう！

3.16 就職活動の実際 行動編

内定辞退と内定報告
—就活をふり返る—

(1) 内定辞退

　志望企業から**内定通知**をもらったら，**誓約書**や**承諾書**を提出する前に，本当にその企業に入社したいのか，入社して仕事をやっていくことができるのか，**給料内で生活していけるのか**などをもう一度じっくりと検討してみましょう。内定取得したものの，初任給だけでは生活していけないということで内定辞退する学生が意外と多いのです。企業選択が甘いと言ってしまえばそれまでですが，内定取得のみを最優先してしまうと，どうしても**現実検討力**がおろそかになってしまうものなのです。

　また，複数の企業から内定をもらう人もたくさんいますが，**入社できるのはたった1社だけです**。本当に入社したい企業，入社してもよい企業などの**優先順位を常につけておくこと**が内定後に悩まないコツです。就活中にその順位が大きく変動することもありますが，**自分軸を何度も確認**しながら最終的に決断を下せばいいでしょう。

　内定通知はもらったものの，第1志望企業の採用試験がまだ先にある場合や就活終了宣言を出すには少し納得がいかない場合などで，入社する意思がないなら，**内定辞退**をする必要があります。自分を評価して内定を出してくれた企業です。**誠意を持って早めに辞退することが双方にプラスとなる**でしょう。

　一方で，企業側から内定通知を出すかわりに就活を終了するように強要される「**就活終わりハラスメント（オワハラ）**」が就活の長期化により増えてきているようです。いずれにしても，誓約書や承諾書を提出すべきか悩んでいる人は，**キャリアセンターで相談**しましょう。内定辞退はいつでもできます。入社してもよい会社なら，採用担当者にその旨を伝え，少し提出を待ってもらうこともできます。待ってくれない企業は，それだけの評価しかされていないと考えましょう。いろんな人の意見や考えを聞くことは大事ですが，最後は**自分自身の気持ちに正直に後悔のない選択・決定**をして下さい。

(2) 就活終了宣言をする

　複数内定取得した企業を1社に絞る，あるいは内定した1社に入社を決める

のに思い悩む，いわゆる「内定ブルー」に陥る学生も少なからずいます。内定取得できていない人から見れば，なんとぜいたくな悩みに見えるかもしれませんが，本人にとっては大問題なのです。本当に内定企業に入社して仕事をやっていけるのか不安がますます募るものなのです。

　もう一度，**就活を始めた頃の気持ちを思い起こしてみましょう**。自己分析・企業研究を経て，会社説明会に参加し，数々の採用試験を経験し，そこから何を得て，何をつかんだのでしょうか？　単に,「内定」という**社会人へのパスポート**だけではないはずです。自分軸を固めたり，修正していきながら，縁あって自分の人柄，能力等を評価してくれた会社です。給与面で実際に生活していけないとか，仕事が厳しく離職者が多いなどの問題を抱える企業については，再考が必要でしょうが，特別の問題が見当たらないのなら，思い切って**評価してくれた会社で挑戦する**ことはとても意味のあることです。もちろん，どんな業界・企業においても，入社して実際に中で仕事をすることになった時，**外からでは決して見えないギャップは必ずある**ものです。でも，しっかりと自己分析・企業研究を深くした人には，そのギャップは小さく，十分乗り越えることのできるものです。自信を持って決断しましょう。

　「決断」は「決めて断つ」ものですが，「**断るほうを決める**」ことでもあるのです。就活終了宣言ができるか，それともモチベーションを維持して就活継続宣言をするかは，自分で決断しましょう。自分の人生です。じっくり考えて**自分の気持ちに嘘はないか**，正直に後悔のない「決断」を下したいものです。大学4年間で一番自己成長を感じられるのが,「就活」期間です。そこで得たものこそ，自分の一番の財産であり，**今後の人生を歩んでいく**ためのエネルギーの源になっていることでしょう。自分をこれまで支えてくれた人たちへの**感謝の気持ち**を常に忘れずに，**自分自身を信じて**これからも歩み続けて下さい。それが，自分の「人生」を生きるということなのです。

point　就活こそ大学生活で最も自己成長を促すイベントだ！

就職能力チェックリスト

★以下の設問に対し，あなた自身が「全くその通りである」場合は5に○，「どちらかというとYES」の場合は4に○，「どちらともいえない」場合は3に○，「どちらかというとNO」の場合は2に○，「全くその通りでない」場合は1に○をつけて下さい。

NO	設問	全くその通りである	どちらかというとYES	どちらともいえない	どちらかというとNO	全くその通りでない
1	みずから新しい提案をしたり，変化をつくり出すことができる	5	4	3	2	1
2	より高いレベルのことができるように挑戦を続けている	5	4	3	2	1
3	柔軟な見方ができ，変化をかえって楽しむことができる	5	4	3	2	1
4	世の中の情勢の変化はささいな兆候から事前に気づくことが多い	5	4	3	2	1
5	レポート等をデータ，事例，根拠を示し，明確でわかりやすく書いている	5	4	3	2	1
6	相手の言うことを注意深く聞き，相手の考えや真意，気持ちを理解できる	5	4	3	2	1
7	基本的なマナーは身につけている	5	4	3	2	1
8	いろんな場面でこれまでにない革新的な手段や方法を提案したことがある	5	4	3	2	1
9	リスクを取らねばならない問題に対しても，果敢に挑戦してきた	5	4	3	2	1
10	自分なりの方法でストレスを溜め込まない	5	4	3	2	1
11	日頃から社会情勢に変化があるかどうかアンテナを張っている	5	4	3	2	1
12	自分のレポートや論文等は，理路整然としてわかりやすいと言われている	5	4	3	2	1
13	相手の話や質問などを途中でさえぎることなく最後まで聞くことができる	5	4	3	2	1
14	社会常識，一般常識といわれるものは持っている	5	4	3	2	1
15	まわりから発想が豊かだとよく言われる	5	4	3	2	1
16	行動力があり，活力，気力を高いレベルで維持している	5	4	3	2	1
17	ストレスの多い緊急を要する場面でも自分なりの有効な対処法がある	5	4	3	2	1
18	多様なメディア（印刷物，電子媒体，ネット）を活用し情報を収集している	5	4	3	2	1
19	どんな人にも考え方や意図を明確に伝えられる文章を書ける	5	4	3	2	1
20	聞き上手だとよく言われる	5	4	3	2	1
21	仕事で必要な情報は他のメンバーといつも共有できている	5	4	3	2	1
22	いろんなアイデア，解決策，対応策が頭によく浮かぶ	5	4	3	2	1
23	これを達成しようと思ったことは，できるまで徹底してやってきた	5	4	3	2	1
24	ストレスの緊張をむしろ活力源，エネルギーとできる	5	4	3	2	1
25	生じつつある変化を認識し，必要であれば対応策を考える	5	4	3	2	1
26	多くの資料の中から価値のある情報を選び，また情報間の関連を理解できる	5	4	3	2	1
27	クリエイティブなモノの考え方ができる	5	4	3	2	1
28	何事に対しても常に積極的に取り組む態度を維持している	5	4	3	2	1
29	状況に応じて柔軟にやり方や方法を変えることができる	5	4	3	2	1
30	人・モノ・金・情報など，必要な資源を幅広く調達し活用している	5	4	3	2	1

【就職能力】得点表

	創造力	行動力	適応力	情報力	論理力	傾聴力	常識力	就職能力
①	No.1	No.2	No.3	No.4	No.5	No.6	No.7	
②	No.8	No.9	No.10	No.11	No.12	No.13	No.14	
③	No.15	No.16	No.17	No.18	No.19	No.20	No.21	
④	No.22	No.23	No.24	No.25	No.26			
⑤	No.27	No.28	No.29	No.30				
得点	計	計	計	計	計	計	計	合計
	平均	平均	平均	平均	平均	平均	平均	平均

＊集計方法
①質問の番号順に○をつけた番号（得点）を記入する。
②各能力ごとに合計を計算（縦計）し，次にその合計得点（横計）である就職能力の得点を計算する。
③各能力および就職能力の合計をその質問項目数で割り平均を出す（平均は小数点第2位を四捨五入する）。
④各平均点をレーダーチャートに記入する。

＊分析評価
①各能力およびその総合力である就職能力の合計得点が高く，全体にバランスが取れているほど社会人に必要な能力が備わっている。
②高い能力（強み）をさらに伸ばし，低い能力（弱み）を高めていくことが今後の課題となる。

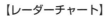

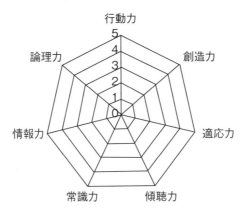

特徴タイプ：左側は思考力，右側は感情力，上側は主体性，下側は協調性

分野別おもな資格一覧表

分野	資格名	種類	おもな仕事内容	独立開業
会計系	公認会計士	国家	企業の財務諸表が公正かどうか監査	◎
会計系	税理士	国家	各種税金の申告・納税・相談	◎
会計系	日商簿記検定	公的	個人および企業の経理事務	
法律系	弁護士	国家	事件や事故等の訴訟に関する業務全般	◎
法律系	司法書士	国家	登記や供託など法的契約や手続き代行	◎
法律系	弁理士	国家	特許, 実用新案など出願手続き代行	◎
法律系	行政書士	国家	官公署への提出書類作成, 代行	◎
法律系	ビジネス実務法務検定	公的	ビジネス実務に関わる法律全般知識	
コンサル系	中小企業診断士	国家	企業等の経営診断, 経営相談	
コンサル系	社会保険労務士	国家	労働・社会保険・年金等の書類作成, 指導	◎
コンサル系	ファイナンシャルプランナー	民間	個人の資産運用に関するプランニング, 相談	
不動産系	不動産鑑定士	国家	不動産の調査, 価額算出, 提示	◎
不動産系	土地家屋調査士	国家	不動産の表示に関する登記の申請, 代行	◎
不動産系	測量士（補）	国家	基本測量, 公共測量の計画, 作成, 実施	
不動産系	宅地建物取引主任者	国家	公正で円滑な不動産取引を遂行	
不動産系	マンション管理士	国家	マンション管理の相談, 指導	
不動産系	管理業務主任者	国家	マンション管理のマネジメント業務	
情報系	基本情報技術者	国家	最もベーシックな情報処理資格	
情報系	システムアドミニストレータ	国家	情報システム化をサポート, マネジメント	
情報系	パソコン検定	民間	パソコン全般の知識, 実践的能力	
医療福祉系	介護福祉士	国家	高齢者や障害を持つ人々の日常生活をサポート	
医療福祉系	社会福祉士	国家	福祉に関する相談, 指導（ソーシャルワーカー）	
医療福祉系	ホームヘルパー	公的	高齢者などの生活援助, 身体介助	
医療福祉系	理学療法士	国家	リハビリテーションを行う専門技術者	
医療福祉系	作業療法士	国家	楽しい作業を通して障害者の機能回復を支援	
心理系	臨床心理士	民間	臨床心理学の専門的立場から援助	
心理系	産業カウンセラー	民間	企業で働く人々のメンタルやキャリアの相談	
心理系	キャリアコンサルタント	国家	就職, 転職, 生き方の相談, 支援	
旅行系	旅行業務取扱管理者	国家	旅行業務全般を扱う, 営業所に必須	
旅行系	通関士	国家	税関に提出する通関書類の審査, 代行	
語学系	TOEICテスト	民間	世界共通の英語力テスト	
語学系	通訳案内士	国家	日本文化を外国人に伝え案内	
語学系	実用英語技能検定	民間	筆記, リスニング, 面接で英語能力評価	
事務系	秘書技能検定	民間	接遇, マナー知識から事務処理全般	
事務系	日本漢字能力検定	民間	漢字の読み書き, 基礎学力, 教養アップ	
生活系	販売士	公的	商品等販売に関する知識, サービス等の提供	
生活系	消費生活アドバイザー	公的	消費者相談, 苦情処理, 製品開発の助言	
デザイン系	カラーコーディネーター	公的	カラーコーディネーションを中心とした業務	
デザイン系	色彩検定	公的	色彩の役割, 効果	
デザイン系	インテリアコーディネーター	民間	依頼主のニーズに合わせ空間を演出	

グループ選考の具体的事例

グループ選考形態	業種・業界	テーマ
グループディスカッション	建設	砂漠で遭難したとき必要な物は？
	住宅	新卒離職率が3割を超えている理由と改善方法
	不動産	子どもに何という名前をつけるか
	食品	就活に必要なスキル3つと理想の上司が備えているもの3つ
	化学	弊社のキャッチコピーを考えよ
		学生時代にすべきこと
	医薬品	MRに必要な能力
	印刷	弊社の広告をつくるとしたら
	電機	10年後に発展しそうな業界と衰退しそうな業界を2つずつ
	自動車	多くの価値観を認め高めていくために必要なこと
		魅力的なインターンシップとは
	その他製造	世界にある6大陸のうちなくすならどれか。またなぜか？
	情報処理	集団をまとめるのに必要な3条件は？
		学生にとってより良い就職活動とは？
	銀行	企業モラルを維持するには？
		個の利益と集団の利益どちらを取るべきか
		グループを強くするために必要なもの
	保険	会社を選ぶ基準
	商社	リーダーシップとは何か
	流通	百貨店を良くするには？
	マスコミ	子どもが携帯を持つにあたって（ディベート）
		やらせと演出について
	ホテル	これからホテルを建てるなら都心の高級ホテルか湖のリゾートホテルか
	運輸	理想のチームワークとは？
	その他サービス	人生の中であなたが一番成長したと思える体験
グループワーク	住宅	4人1組でチームを作りマネーゲームをして順位を競う
	食品	16枚に分けられた地図から1枚の地図を完成させる
	医薬品	2つの封筒からターゲットと場所が書かれたカードを引きイベントを企画
	情報処理	情報が書いてあるカードが配られて、他のメンバーに見せずに導く「寮」の配置を決め、その後グループ内で誰が一番貢献したかを紙に書き発表
	教育	ある大学の学園祭会議で6人が各部の代表者として予算の取り合いをする
	マスコミ	新しい携帯の形を表現するキャッチフレーズづくり
	専門店	1人1～2枚のカードを持ち、そのカードに描かれている絵の名前を言わずにお互いにヒントを出し合いながら絵のしりとりを完成させる
ケーススタディ	不動産	ある企業の資料を読み、その企業に適した買収企業を決める
	印刷	商店街を活性化させるための施策提案
	鉄鋼	取引先の要望をどう受け入れるか営業のシミュレーション
	自動車	5人の候補者がいて誰を採用するか
	情報処理	ホテルでの婚礼件数を増やす方策を考える
	保険	弊社の取るべき戦略
	調査	団塊世代向けのレストランのコンセプト
	マスコミ	実際の記事数本を読み、どれが一面にふさわしいか決める
	旅行	求人HPをどうしたらもっと使いやすくできるか
	その他サービス	あなたが人事だったらどんな人を採用するか
ロールプレイング	電子	いつも海外旅行に行く客に国内旅行に行くように勧める
	教育	販売員と客に分かれて旅行商品の販売
		営業ロールプレイング

COLUMN

◆◆◆ 自分の適職を考える ◆◆◆

　適職とはいったいどういうものでしょうか。単に，自分に向いている仕事，職業のことでしょうか。「向いている」「向いていない」とはどういうことでしょうか。たとえば，ある職場の話です。今の仕事が大好きで自分に向いていると思っているAさんと，あまり好きではなく自分に向いていないと思っているBさんに，上司が1週間以内に企画書の提出を命じました。Aさんは喜んで取り組み，期日ぎりぎりの7日目に提出しました。Bさんは嫌々ながらも取り組み，わずか3日で提出しました。上司はその企画書を読み，AさんよりもBさんの企画書のほうが明らかに素晴しい内容であると高く評価しました。

　みなさんは，AさんとBさんのどちらが適職だと思いますか？　どちらも適職といえそうですが，組織や団体の中で仕事をしていく場合，自分だけが適職だと思っていても，まわりはそう見てくれないこともあるのです。Aさんは，今後能力を高めていかなければ退職や転職を余儀なくされるかもしれません。Bさんは仕事にやりがいや生きがいを見いだせなければ働く時間はつまらない味気ない時間となるでしょう。興味・関心と能力・適性は適職への重要な指針ですが，どんな人生を送りたいのか，どんな時に幸せを感じるのか，自分の人生観や幸福観を踏まえたうえで，もう一度自分なりに適職とはどういうものかを考えてみたいものです。

◆◆◆ ブラック企業の判断基準 ◆◆◆

　ここ数年「ブラック企業」という呼称が就活生の中に定着しました。一般的には「違法な長時間労働」「時間外労働賃金の未払い」などが行われている企業を指すようですが，就活生にとっては，「低賃金」「重労働」「休日が少ない」などの雇用条件も含めて入社したくない企業という意味で使われているのが現状です。前者の2つは実際に入社してからでないとわからないものです。だからこそ，入社する前の就活中にそれらに関する情報収集も含めてしっかりと企業研究していく必要があるのです。

　雇用条件など事前にある程度わかるものはともかく，募集要項を見て「仕事内容がよくわからない」「募集人員が多すぎる」と感じる企業は要チェックです。また，採用試験で「若手社員がいない」「すぐに内定が出る」企業も冷静に調べ直したほうがよいでしょう。いずれにしても，自分の目でしっかりと調べて確認すること，それが本当かどうかを自分の肌で感じ取ることです。法令違反が明らかな「ブラック企業」以外は，自分の捉え方次第で「ブラック企業」とは言えなくなるものです。重要なのは，雇用条件も含めた自分なりの企業選択基準を明確にして，まわりに流されず自分を信じて就活していくことなのです。

第4章

大学で女性のキャリアを考える
——ワークライフバランス

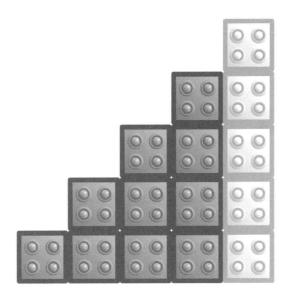

4.1 現代女性のキャリア

現代社会と女性のキャリア形成

　日本においては，現在少子高齢化が進行しており，将来2025年には65歳以上のお年寄り人口は，総人口の4人に1人，すなわち全体の約25％になることが予測されています。そして，少子高齢化がますます加速すると，日本の50年後の人口は現在より約30％減少すると推測されています。その結果，日本の社会を支える大切な労働力となる生産年齢人口（15～65歳）は，1999年代をピークにその後しだいに減少し，これからは，深刻な労働力不足がますます心配されています。

　このため，今後は男女の性別に関係なく，健康であれば男女ともに社会で働き，日本社会を皆で支えていくことが必要になってきました。男性は社会で働き，女性は家庭で育児・家事を担当するというかつて当たり前であった性役割分業に基づく考え方ではなく，男女ともに社会でみずからの持てる能力を最大限活かして働き，ともに収入を得て，男女が一緒に家事や育児，介護など，家庭生活のいろいろな役割・責任を互いに分担し協力し合いながら生活する，「男女共同参画社会」へと確実に移行しつつあるのが，日本の現況です。

　2013（平成25）年度の統計によると，女子の高校進学率は96.9％で，男子の96.2％より若干高く，また，大学進学率では男子54.0％，女子は短大を合わせると55.2％で，女子の高等教育への進学率は男子を上回っています。このように女性の進学や勉学への意欲の高まりが数字からもわかります。

　すなわち，**高学歴で意欲的で優秀な女性の増加に伴う大きな力を，社会で有効に活かし，活躍の場や成長の機会を与え，キャリアが継続的に保障される**ようにすることは日本社会の大変重要な課題になっています。少子高齢化のスピードがますます加速する現在，今後，日本社会の発展を促すためには，こうした女性たちの能力発揮をさらに促し，労働力不足の市場に欠かせない働き手として，**女性を積極的に育て活かすことがさらに必要になっています。**

　また，企業の発展や持続的成長のためにも，男女の性別による違いではなく，個人の意欲や能力に応じて正しく処遇する職場環境づくりや，男女の区別なく教育し人材を育成するための取り組みが求められています。こうした新しい時

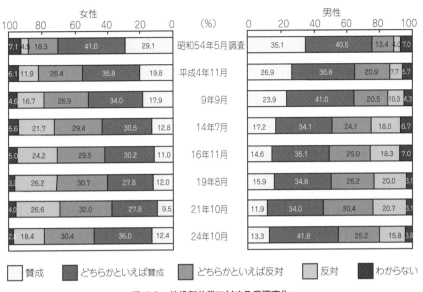

図4-1 性役割分業に対する意識変化
内閣府「男女共同参画社会に関する世論調査」より作成

代の流れの中で，日本政府は女性活躍推進の施策を企業に求め，女性管理職の割合を将来は30%にするように推奨しています。このように，**女性のキャリア形成は**，単に個人ニーズのみならず時代背景に伴い社会的ニーズを強く反映し，**女性活躍推進は今後の重要な戦略として位置づけられています**。

したがって，**女性も大学での学びと持てる力を将来有効に活かし，社会にも自分自身にもともに意義ある仕事に従事し，自分らしく豊かな生き方を実現する**ことを学生時代から考えなければなりません。将来のキャリア形成（働き方・生き方・学び方）を長期的視点から展望し，キャリアをデザインする（設計図を持つ）ことが大切です。卒業後のキャリア形成を決して人任せにすることなく，みずから幅広く積極的に情報収集をしながら，1・2年生の時から自身の将来のキャリア形成に関心を持ち，キャリアデザインを考え具体的に準備をしましょう。

 優秀な女性の能力を活かさないことは社会の大きな損失！

4.2 現代女性のキャリア

長期的な視点からの女性のキャリアデザイン

　女性の労働力率の変化を図4-2から見てみましょう。このグラフは，労働力変化がMのような形をしていることから，一般に「M字カーブ」といわれています。この図4-2では，**女性は30代で出産・育児のために仕事を辞める人が多いため，労働力率は30代で低下し，キャリア形成が中断してしまい，M字カーブの底となっています**。

　しかし，M字の底は経年変化とともに上昇し浅くなり，**30代女性がしだいに仕事を辞めずに継続的に働くように変化してきている**ことがわかります。また，このカーブはその後40代になると，**再び上昇し労働市場に女性が参入してくる**ことがわかります。

　次に図4-3を見てみましょう。就業率は，結婚前（88.5％），結婚後（65.3％），出産後（23.1％）と変化しています。女性の就業率はしだいに減少し，出産後は23.1％にまで減少しています。このように，**出産・育児は女性の継続就業をはばむ大きな壁になっている**ことがわかります。

　このように働く女性の約60％が出産を機に離職しているのが現実です。能力も高く意欲的な女性たちが仕事を辞めざるを得ない状況が存在することは，大変もったいない残念な結果です。

　出産・育児の壁を乗り越え，女性が社会で継続して働き，仕事を通して持てる能力を活かすためには，出産・育児が最大のネックになっています。こうした課題を乗り越え，**女性がイキイキと働き活躍する社会をいかに構築するかを，女性だけではなく，男性もともに考える必要があります**。

　女性は，ライフイベントに遭遇するたびに，どう乗り越えるかについて考えるのではなく，**学生時代から長い人生を展望したキャリア形成について，あらかじめ真摯に考えておくことが大切**です。なぜなら，キャリアはある日突然形成されるものではなく，若い時からの1つひとつの小さな積み重ねの中から，しだいに形成されるものだからです。

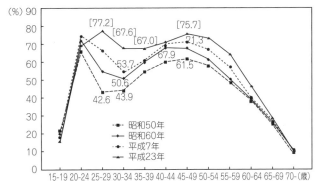

図 4-2　M字カーブ：女性の年齢階級別労働力率の推移

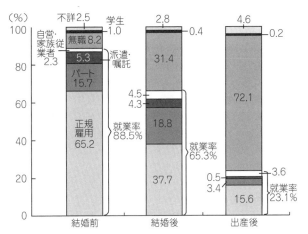

図 4-3　女性の就業形態の推移

 人生90年のキャリアデザインを学生時代から考えよう！

4.3 現代女性のキャリア

女性のライフコースとキャリア形成

　女性の生き方には，その時々でいろいろな選択肢があり迷うことも多くあります。つまり，人生の節目節目で，これからの生き方（ライフコース）とキャリアの選択を迫られる場面が出てきます。多様な人生の選択肢があることは，女性の生き方は柔軟で変化に富んでいると肯定的に捉えることも可能ですが，節目節目でその選択に迷い，悩むことも多いのが女性の人生です。

　そこで，女性の多様な「ライフコース」を考えてみましょう。おおよそ次のようなタイプに分かれます。

1. 仕事を継続するライフコース
   ①仕事だけをし，結婚はしないコース
   ②仕事をしながら，結婚し（子どもを持たずに）就業継続するコース
   ③仕事をしながら，結婚し子どもを育てながら就業継続するコース
2. 仕事を辞め家庭に入るライフコース
   ④結婚と同時に仕事を辞め，その後，専業主婦になるコース
   ⑤出産と同時に仕事を辞め，その後，専業主婦になるコース
   ⑥介護のため，仕事を辞め，その後，専業主婦になるコース
3. 一度仕事を辞めるが，再び始めるコース
   ⑦子育てが一段落したら，再び就業するコース
   　Ａフルタイムの仕事を再開するライフコース
   　Ｂパートタイムの仕事を再開するライフコース
   ⑧介護が終了したら，再び就業するコース

　このように**女性は男性と異なり，人生とキャリア形成に関わるライフコースにさまざまな選択肢が存在しています**。しかし，女性のこのような多様なライフコースに比べ，男性のライフコースは大きく異なり，就業継続するライフコースがほどんどです。では，男女のライフコースの違いはなぜ起こるのでしょうか。そこには，さまざまな要因が考えられますが，**理由の１つとして，いまだに性役割分業の考え方が根底に強く残っていることが推察されます**。すなわち，結婚したら女性は家庭に入り家事をするものである，母親が育児をすべきである，働くお母さんの子どもは保育園に預けられて可哀想だ，などという先入観や社会通念があるからだと考えられます。

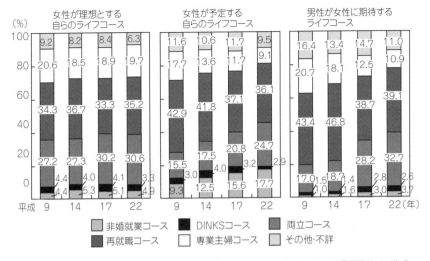

図 4-4 女性のライフコースに関する考え方の変化（男女別）

(備考) 1. 国立社会保障・人口問題研究所「第14回出生動向基本調査 独身者調査の結果概要」により作成。
2. 35歳未満の回答者を抽出している。

古くからの性役割に基づく思い込み（偏見）があるのではないでしょうか。このような「ジェンダー・バイアス」は女性自身の中にもあります。そのため，たとえ自分を活かせる仕事，やりがいのある仕事を持ち，継続したいと希望していても，「女性は……あるべき」というジェンダー・バイアスに縛られ，せっかくのキャリアを簡単に諦め，仕事を辞めてしまうこともあります。しかし，図4-4にあるように，女性のライフコースについての考え方の変化は明らかです。

そこで，女性が，社会で継続して働くことを可能にするためには，**男女ともに無意識のジェンダー・バイアスを払拭しなければなりません**。そして，**男女が互いに協働し，仕事と家庭生活をうまく両立できるような社会（ワークライフバランス社会）を実現する努力**を，互いに行うことが大切です。また，女性を育成し活躍をサポートし登用するといった，男性上司の意識改革も必要です。同時に**家庭でも，男性も育児・家事を行い，女性だけに負担をかけないように**することなどが必要です。

 女性自身の無意識のジェンダー・バイアスを払拭しよう！

4.4 現代女性のキャリア
継続して社会で働くことの意味

　社会に出て継続して働くことの意味を考えてみましょう。継続的に仕事をすることは，役割・責任もあり苦労ももちろんあります。職場の人間関係などで悩むこともあり，継続して仕事をするためにはたゆまぬ努力が必要なことは明らかです。しかし同時に，働くことには大切な意味がたくさんあります。そこで，女性が継続的に働くことの意味について，ここでまとめてみましょう。

　まず，1つめは「経済的な自立」が図れることです。女性はとかく結婚後は家庭に入り男性に扶養されることが当然と考える人が多く，男性に経済的に依存しがちです。しかし，長い人生には何が起きるかわかりません。**男性にずっと守られ経済的に安定し，依存できるとは限りません。**このため，**女性自身が働き，経済的に自立していることは，自身の人生のリスク管理につながり，人生の危機から身を守ることにもなります。また，経済的な自立は精神的な自立にも必ずつながります。**

　2つめは，「生きがいの創造」です。自分の仕事を持ち社会で働くことにより，必ず組織や他者の役に立つ喜びを感じることがあるでしょう。そこに，やりがいや生きがいを感じることができます。そして，自分にはやる仕事や役割がある，という気持ちの張り合いを持てることから，**社会の中で自分の存在を感じることができるでしょう。**

　3つめは，仕事を通して多くの「人との出会い」があることです。家庭に入り育児や家事だけに日々の生活が限定されると，仕事をしている場合よりも多様な人との出会いが少なくなります。私たちは**多様な人との出会いやその関係性の中で，日々多くを学ぶことができます。**仕事を通していろいろな人と知り合い，刺激を受け，多くのことを学ぶことによって，成長できるでしょう。

　4つめは，仕事をすることから気持ちに「張りや緊張感が持てる」ことです。仕事には，必ず責任が伴います。**その責任や役割を果たし目標を達成するプロセスに，やりがいが生まれてきます。**苦労しながら困難を乗り越えがんばることから，達成感を得ることができます。また，仕事をすることによって毎日の生活にメリハリや変化が生まれ，その緊張や心の張りによって若さや健康を保

つこともできるでしょう。

　5つめは，仕事が人を一番「成長させる」ことです。よい仕事をし，人から評価され認められたいと願い，充実した仕事をするために人は日々努力します。こうした努力の過程では，私たちは絶えず勉強し自己啓発をすることが欠かせません。こうした**努力の過程そのものが，人をさらに成長させる大切な要因となります。**仕事からいろいろな知識やスキルを習得し，人脈を得て社会経験を深めることができ，しだいに専門性や独自の強みも身につけることができます。それに伴って収入も増え，地位もしだいに上がるでしょう。

　仕事はもちろん大変なことや苦労も多くありますが，**収入を得ながら，知識やスキルを習得でき，社会を広く知り自分を最も成長させてくれるものです。**仕事を継続することのメリットや意味を考えながら，努力をすることは多くの意義と価値があります。日本社会ではまだまだ女性の管理職も少なく，世界と比較すると女性の活躍レベルははるかに遅れているのが実態です。**女性の持つ豊かな感性，創造性，多様な能力を社会にもっと積極的に活かすことが，これからの社会の発展に欠かせない**といえるでしょう。

　継続して働くことの意味と，働くことのメリットをあげましたが，まず，女性自身がこうしたメリットを自覚し，仕事を継続する努力をすることが欠かせません。同時に，組織は女性が働きやすい環境や人事制度の整備などを行い，**女性が長く働ける職場環境づくりを積極的に行うことが必要です。**

 女性は仕事を通して最も自分を磨き・育てることができる！

4.5 現代女性のキャリア

女性のキャリア形成のための準備

　キャリアとは必ずしも仕事（ワークキャリア）だけを意味するのではなく，個人の生き方・人生の表現の仕方（ライフキャリア）でもあります。誰にとっても人生は一度きりしかありません。この一度しかない大切な自分の人生を，いかに「生き・働き・学び」続け，豊かな実りあるものにするかという課題について，学生時代から真摯に考え，計画し，少しずつ準備することが大切です。

　キャリア形成のためには次にあげる4要因があります。まず1つめは，正しい「自己理解」です。**自分のことをよく知ることです**。自分の特徴や個性，得意なことや苦手なこと，興味・関心のあること，好きなこと，価値観（何を大切にしながら働きたいのか，人生を送りたいのか），欲求や願望などです。自分のことは自分が一番知っていると思っていても，自分のことは案外知らない部分もあります。そこで，友人や先輩，家族などに聞いてみるといいでしょう。また，**自分について多方面から見つめ直し，気づいたことなどを書き出し**，その都度まとめて整理してみてもいいでしょう。

　2つめは「キャリア意識」を持つことです。キャリア意識とは「向上心」を意味しています。**自分を絶えず磨き，育てるという向上心を持つことから，キャリアは形成されます**。自分はこのままでいいと思うのではなく，自分が成長できると考えられるようなチャンスがあれば，積極的に参加し意欲的に行動してみることです。失敗を恐れず勇気を出して挑戦してみましょう。社会人と比べ学生時代は多くの時間に恵まれているので，**自分を向上させるために時間を有効に使うことを常に意識することが大切です**。時間管理は自己管理でもあります。

　3つめは「明確な目標」を持つことです。取りあえずの目標でもかまいません。**目標がある人とない人では，意識は異なり行動も当然違ってきます**。たとえば，体重を2キロ減らそうという目標を立てると，ダイエットを意識しますから当然食べ方から，運動の仕方，歩き方など行動も変わってきます。**大学時代に達成したい目標，やりたい目標を持つこと，卒業後の進路の方向性に目標を持つ**ことなどは，意識を強化し日々の行動を変えることに必ずつながるでしょう。

卒業する時までに達成したい目標を持ち行動する人とそうでない人では、時間の使い方、具体的な行動も違い、卒業時の成長度も異なることが予想されます。

4つめは「自己啓発」です。目標を達成するためには具体的に何をしたらよいかについて考えます。**目標達成のための自己啓発計画を立て具体的に実行する**ことです。計画を立てることだけで満足するのではなく、実践することに意味があります。たとえば、将来海外で働きたいという目標を持っている人は、学生時代に計画的に語学を習得することが欠かせません。1・2年生から徐々に英語のスコアを上げることを意識したり、語学のCDを毎日聞いたり、ボキャブラリーを増やす努力をするなど、日々の勉強の仕方・行動が当然違ってきます。**何を目標とし、目標を達成するためには具体的にどのような自己啓発を行うか、時々進行状況を見直しチェックすることも必要です**。大学時代に努力をすることによって将来の働く土台を着実に作ることができるでしょう。

5つめは広く人と交流し「人脈」を形成することです。学内に限らず、学外の人とも幅広く交流し、**学生時代から多方面に人脈を拡げ、人間関係を大切にする努力をすることが必要です**。そのためには同じ仲間とばかり固まらず、異なるタイプの人ともコミュニケーションをとれるようにしましょう。なぜなら、社会に出ると自分とは違うタイプの人と一緒に仕事をすることが多いのが実際だからです。また、自分の経験や知識は限られていますが、多くの人脈を持つことで情報収集ができ、世界が広がり自分の限界をカバーすることができます。**社会に出てからも学生時代に培った人脈は有効でキャリア形成のための財産にもなるでしょう**。

point 一回しかない人生を実りあるものにするための準備は学生時代から！

COLUMN

❖❖❖ ジェンダー・バイアス度 ❖❖❖

あなたのジェンダー・バイアス度をチェックしてみましょう。

次の10の質問に，「そう思う」に○を，「ややそう思う」に△を，「そうは思わない」に×をそれぞれつけてください。

( ) 1. 女性の幸福は，結婚して家庭で家事・育児に専念することにあると思う。
( ) 2. いつまでも独身で，仕事だけをしている女性を見ると結婚のことが気になる。
( ) 3. 母親に育てられずに，小さい時から保育園に預けられる子どもはかわいそう。
( ) 4. 妻が働いていると，夫にしわ寄せが出て夫の仕事に迷惑をかける。
( ) 5. 育児休業や短時間勤務は，仕事が中途半端になり会社にとってはマイナスだ。
( ) 6. 育児は女性の一番大切な仕事だから，出産・育児での退職は当然だ。
( ) 7. 妻が専業主婦なのに，夫が育児休業を取るのはおかしい。
( ) 8. 女性は仕事をしていても，家事・育児を常に第一に考えるべきだ。
( ) 9. 女性の管理職を増やすことは，会社に大きなメリットになるとは限らない。
( ) 10. 女性の活躍推進は現在の社会や会社の状況にとって本当に必要なのか確信が持てない。

上記10問の，○は3点，△は1点，×は0点として合計してみてください。

結果得点　20〜30点：ジェンダー・バイアスが大変強い
　　　　　15〜19点：ジェンダー・バイアスが強い
　　　　　 8〜14点：ジェンダー・バイアスがあり
　　　　　 1〜 7点：ジェンダー・バイアスは弱いがあり
　　　　　　 0点：ジェンダー・バイアスがない

　ジェンダー・バイアスがあると自分の意識・行動だけではなく，他の人に対しても影響を与えます。自分の思い込みがはたして客観的に正しいのかもう一度検討してみましょう。

第 **5** 章

大学でキャリアの相談をする
——キャリアカウンセリング

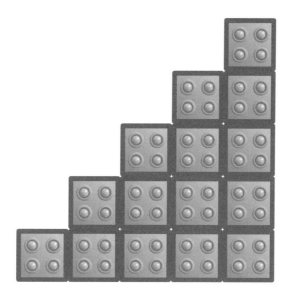

5.1 キャリアカウンセリング

キャリアカウンセリングとは何か

　カウンセリングは大別すると，①なおすカウンセリング，②予防するカウンセリング，③育てる・開発するカウンセリング，の3つに分かれます。キャリアカウンセリングは，**人を育て，その人の持っている能力，可能性を最大限開発すること**を支援するためのカウンセリングです。キャリアカウンセリングは，1991年にアメリカNCDA（National Career Development Association）によって次のように定義されています。「個人がキャリアに関してもつ問題や葛藤の解決とともに，ライフキャリア上の役割と責任の明確化，キャリア計画，キャリア決定，その他のキャリア開発行動に関する問題解決を個人またはグループカウンセリングによって支援することである」。そして，特に大学生のキャリアカウンセリングでは，次のような**多様な問題の相談**に応じています。

①卒業後の進路（企業，公務員，教員，資格の取得，実家の事業の継承など），就職を目的とした大学時代の過ごし方。
②インターンシップについて。
③自分の適性は何か，どのような仕事の分野が合っているのか。
④社会で必要な人間関係形成能力やコミュニケーション能力について。
⑤就職活動の具体的な仕方について（情報収集の仕方，エントリーシートの書き方，会社説明会での注意点，筆記試験，面接試験の受け方，内定への対応，内定辞退の仕方，内定から就職までの期間の過ごし方，勉強法など）。
⑥Uターンについて。
⑦実家の稼業の継承について。
⑧親が勧める卒業後の進路と自分が希望する進路の食い違いについて。

　カウンセリングをこれまで全く受けたことがない人も多いことでしょう。そのため不安な人もいると思います。でも，自分をさらに理解し，今抱えて困っている問題の解決に必ずつながるでしょう。ひとりで悩んでいないで，気軽に**キャリアカウンセリングを受け積極的に活用してみましょう**。

 キャリアカウンセリングは人を育て能力を開発することを支援します！

5.2 キャリアカウンセリング

キャリアカウンセリングの意味

　キャリアカウンセリングでは，キャリアに関する問題について幅広い相談を行います。**キャリア開発とキャリア形成支援を大学生の立場に立って行います**から，何か疑問点や不安・心配なことなどがあれば，何でも気軽にありのまま相談してみましょう。キャリアカウンセラー（コンサルタント）に相談するだけでも，気持ちがとても楽になり，適切な情報や助言をもらうことで，抱えていた問題の解決ができるでしょう。キャリアに関する問題をひとりで抱え悩んでいると，しだいに自分が見えなくなり，自分でも「どうしたらよいか」「何を望んでいるのか」がわからなくなることがよくあります。こうした時，キャリアカウンセラーに自分の問題について話すことによって，自分の**問題が整理**されたり，自分を**客観的に見ること**ができるようになります。また，自分の思いを人に話すことによって，**気持ちが落ち着き楽になる**，**不安が解消される**などのメリットがあります。必要に応じて，適性テスト，性格テストなどの**アセスメント**を受けることによって，正しく自分を理解することも可能です。このように，キャリアカウンセリングは**正しい自己理解を支援する**ことに重きを置いています。自分のことは自分が一番知っているつもりでいても必ずしもそうではありません。さて，次の6つの課題は明確ですか。

①自分は何がしたいのか，自分はどうありたいのか，どうしたいのか
②自分は何が好きで，何に興味・関心があるのか
③自分の強み，専門性，売りと言えるものは何か（弱みは何か）
④自分が生き，働くうえで大切にしたい価値とは何か（価値観）
⑤自分の責任と役割，使命とは何か
⑥自分はどのような行動をすべきか，何を行動に移すべきか

　自己理解があって初めてキャリアは開発され，キャリアは形成されていくと考えられます。そのための支援を行うのがキャリアカウンセリングなのです。

 キャリア開発とキャリア形成は正しい自己理解から始まる！

5.3 大学生活
社会に出る前に身につけておいたほうがよいことは何でしょうか

　社会に出て働くためには，「**仕事の基礎力**」が必要です。どんなに立派な学歴や学力を持っていても，「仕事力」がなければ，仕事はうまくいきません。仕事の基礎力の中で最も大切なものは，①コミュニケーション能力と人間関係能力，②行動力，③考える力です。基本となる最も大切なものは，他の人とコミュニケーションを通して「**信頼関係を築く力**」です。職場で信頼され，仕事を安心して任せられる人になることが大切です。これは社会に出て急にできることではありません。

　大学時代から多様なタイプの人と積極的にコミュニケーションをとり，周囲から信頼される人になる努力をすることです。大学時代は同じようなタイプの人と一緒に行動しがちです。しかし，社会に出るとむしろ**自分と異なるタイプの人とうまく関係を築く力**が求められます。ですから大学時代から自分とタイプの違う人とも意見を交換したり一緒に行動してみましょう。ストレスを感じるかもしれませんが，それがよい練習です。自分とはタイプの違う人と行動することによって自分の思い通りにならないことにも慣れておくことです。時には衝突することがあっても，どうやって**ストレスを乗り越えて，相互理解を図る**ことができるかをたくさん経験して下さい。そのためには，**自分の考えを積極的に相手に伝えること，相手の考えも傾聴し気持ちも含めて相手を理解する力**を身につけることを意識して行動しましょう。

　仕事はひとりではなく，多様な人間関係の中で展開していきます。「**話す力**」には，自分の思いを相手に積極的に伝えることだけではなく，挨拶をすること，お礼を言うこと，感謝を伝えること，励ますこと，慰めること，必要に応じて厳しいことも言えること，皆の前でプレゼンテーションができることなどがあります。　方，それ以上に大切なのは「**聴く力**」です。指示・命令，ニーズを正しく聴く，本質を聴く，相手の言葉の奥にある気持ちを聴くなどです。話す力，聴く力を大学時代に意識的に開発し，身につけるよう行動して下さい。

 コミュニケーション能力，人間関係能力を大学時代に磨こう！

5.4 大学生活

大学に入学したが授業はつまらなく，やりたい勉強とは違うので，退学も考えています

　大学の授業がつまらない場合には原因がいろいろと考えられます。まず，教員の側の授業のスキル，進め方，授業内容などに改善すべき課題がある場合もあるでしょう。こうした場合には，大学の授業評価のアンケートにありのままの学生からの要望を書き，教員に改善してほしい点を知らせることが必要です。また，授業後に教員に改善してほしい点を直接伝えることが可能であれば，試みてはどうでしょうか。教員は学生の要望も大切にして授業を進めてくれると思います。しかし，一方で学生側にも授業がつまらないと感じることの原因がある場合があります。**授業はただ受け身で聞くだけではなく，その授業をきっかけとして，たとえば図書館を利用してさらにそのテーマ，内容を詳しく調べ，関係ある書籍をいろいろ読んでみること，実際に検証してみること，そのうえでわからない点や疑問点があれば，教員に質問などをしてみてはどうでしょうか**。すると，授業だけではわからない部分が明らかになり，もっと知りたいという欲求が刺激されてきます。そこから自然と興味・関心が深まることが多いものです。ですから，授業がつまらない理由には，つまらなくしている学生側の学びに対する姿勢や態度も関係しています。

　また，勉強の仕方も考えてみましょう。**大学では授業で単に知識を与えてもらうだけではなく，それに加えて，自分から主体的にさらに調べ，探求し，深めていく過程が大学での勉強です**。学ぶことの楽しさは，教室の中だけではなく，むしろ教室の外にも存在しています。そして，面白いと感じるような勉強の仕方をしてみることが大切です。教員も熱心な学生の質問であれば，必ず個別に対応してくれることでしょう。勉強への興味関心は自分で引き出し，育てていくものです。

　しかし，いろいろ努力しても学ぶ意欲が持てず，どうしても専攻分野を間違えたと感じるのであれば，大学の関係部署へ相談をし，専攻の変更が可能かどうかについて尋ねてみましょう。きっと解決策が見つかるでしょう。

> **point** まず授業への姿勢，取り組み方，勉強の仕方を変える努力をしよう！

5.5 大学生活

何のために働かなければいけないのでしょうか。できるだけ自由でいたいと考えているのですが……

　あなたが生活している周囲を見回してみてください。**他の人が働いていることによって，あなたの生活が成り立っていること**に気づくでしょう。あなたのために電車の運転手さんが働き，レストランでは料理人が食事を作り，ウエイトレスさんが運んでくれ，その食材は農家，漁師さんが働いてくれたものです。このように社会は皆が働き，役割・責任を果たすことによって成り立っています。どのような仕事にも価値や意味があり，人や社会の役に立っています。つまり，社会で生活する人は，1人ひとりが**社会のために役割と責任を果たし，仕事を通して社会に貢献し，人のために役に立つ**ことが求められているのです。

　さらに，少子高齢社会へ変容しつつある現代の日本では若い人たちが働くことによって社会を支えていかない限り，今後日本の社会は成り立たなくなってしまう懸念があります。安定して働くことによってまず経済的に自立し，仕事を通して社会に貢献することの中から，生きがいややりがいを創造することも可能です。苦労したけれどやり遂げた経験，努力して目標を達成できたことなどによって，**認められ・評価されることによって，仕事の面白みややりがいを得る**ことができるでしょう。

　また，働く経験を通して**人間として成長**できるでしょう。仕事を通して多様な人と出会い，任された仕事を果たし，最後までやり遂げる過程には，たくさんの「学び」があります。仕事は問題解決の連続です。自分で考え，工夫し，柔軟に行動しなければなりません。結果，目標達成できた時には，**充実した満足感を得る**ことができ，**自分自身に自信をつける**ことができるでしょう。日本では少子高齢社会が目の前に迫っています。この社会を支えていくのは皆さんの若い世代です。積極的に社会の中で働き，日本社会をさらに発展させる使命を若者は持っていると考えて下さい。そのためには，大学を出て，機会を逃すことなく就職し働くことを通して**自分をさらに育て，社会を支えて**下さい。

 働きながら自立し，自分を育て，日本の少子高齢社会を支えよう！

5.6 大学生活

自分は何をしたいのか，何に適性があるのかわかりません

　「何をしたいのかわからない」という人は多いですが，決して焦ることはありません。しかし大学を卒業するまでには進路を決めなければなりません。**3年生の秋頃までには方向性が少しでも見えるように努力**することは必要です。

　まず，**消去法でもかまいませんから**，絶対にやりたくない，関心がない，嫌いだという職業や分野をあげてみます。これを取り除いて考えると，残ったものは絶対に嫌なものではないはずです。やりたいことがわからない人は，そこからまずスタートしてみましょう。その中で，相対比較をして少しでも興味・関心のある分野を探しましょう。そのあとで情報収集をしてみましょう。腕を組んでただ座って，「何がしたいか」を考えているだけでは決して前に進みません。まず，**情報収集**からです。インターネットでもいいでしょう。また実際にその仕事をしている人や卒業生に仕事の話を聴いてみる，職場を訪問して実際の現場を見せてもらうこともいいでしょう。このように大切なことは，「**行動しながら考える**」ことです。情報収集しながら，いろいろ行動しているうちに，「面白そうだな，やってみたいな」と思うようなことに偶然に出会うかもしれません。その過程は，試行錯誤でも全くかまいません。大切なことは，インターネットの情報や本の紹介だけではなく，**自分で行動し，耳で実際に話を聴き，目で実際に見てみる**ことです。何をしたいのかわからない人は，むしろ他の人よりも早めに行動を開始しましょう。そのためには，早ければ，**2年生の頃から情報収集の活動を始める**とよいでしょう。そして，比較検討し，さらに情報を収集して確認するための行動が大切です。

　しかし，最終的には，縁があって入社した会社や組織で，まずは与えられた仕事・役割を一生懸命行うことが大切です。たとえどんな仕事に就いても，やりがいをみずから創造し，与えられた仕事を自分の仕事に変えていく過程で，「やりがい」を見いだすことができるでしょう。**焦らずいつも長い目でキャリア形成を考えましょう。**

 消去法で考え，残ったものの情報収集をし積極的に行動しよう！

5.7 就職活動
自分に自信がなく、面接の時にアピールするものがなく悩んでいます

　就職活動の最後の決め手は面接です。企業は面接試験で「人物」を見て採用を最終的に決定します。就職活動では面接は非常に大切な場面です。面接はあなた自身が企業をよく知るために面接する場でもあり、企業があなたをさらに理解するための場でもあります。すなわち**相互理解の場・相互のコミュニケーションの場、信頼関係を結ぶ場**です。その面接をうまくこなし、内定を取るための戦略本がたくさんあります。成功するためには、面接のマニュアル本を参考に面接での応答を考え準備するのもよいでしょう。しかし、本の内容は一般化されたものにすぎません。

　企業はこうした**面接のマニュアル本を読んで準備をしてきた人**には、強い関心を抱かないものです。「ああ、また、同じことを言っている」と学生が一生懸命話をしても関心を持って聞いてくれないことがあります。大切なことは、たとえ自信が少々なくても、**自分らしい言葉で率直に語ることを通して、相手と信頼関係を結ぶことができるかどうか**です。しかし、自信がないために、ありのままネガティブなことばかりを並べて自分を語ることはよい結果を生みません。あなたが面接官だとしたらそういう人と職場で一緒に働きたいと思いますか。あなたが面接に自信がないのは、アピールの仕方がわからないといった面接のスキルの問題にすぎないからではないでしょうか。まず、これまで大学でやってきたことをふり返りどんな些細なことであってもまず書き出してみましょう。**誰にでも自分を語ることができるものは必ずあるはず**です。それは他人と比較して、優れているかどうかでなくていいのです。大学時代に自分が努力したこと、頑張って乗り越えたことなどを、手帳などを見返しながら少しずつ思い出して書き出します。誠実に自分を語る姿勢、少しでも相手にわかりやすく自分を理解してもらおうとする真摯な態度は相手の心をつかむでしょう。

　また周囲の人にあなたの良い点、印象などを尋ねてみるのもいいでしょう。あなたが気づかない何か良い点を周囲の人は必ず知っているはずです。

 面接では誠実に自分らしさを出し、相手と信頼関係を築く努力をしよう！

5.8 就職活動

内定が取れず，就職活動をやめたい。自分に自信がなくなり，「もうアルバイトでもいいか」と考えてしまいます

　なかなか内定が取れない状態は本当に辛いですね。気持ちはよくわかります。自信を失いやる気を失う人はとても多いです。しかし，**内定が取れないことは，決してあなたが否定されたことではありません**。たまたまその会社とは縁がなかったと考えて下さい。**捉え方を意識的に，肯定的な考え方に変えてみましょう**。

　まず，これまでの就職活動で得たもの，学んだことを何でも書き出してみます。これまでいろいろチャレンジしたぶん，たくさんの経験をし，筆記試験や面接にもずっと慣れてきたのではないでしょうか。結果はまだ出ていなくても，こうした経験はこれからの就職活動に大きな意味と価値があります。大切なことは，こうした**貴重な経験をむしろ積極的に今後の活動に活かす**ことです。ですから，諦めてしまいこれからの就職活動をやめてしまうことは，せっかく得た貴重な経験をすべて無駄にしてしまうようなものです。早く逃げたい気持ちになることはよくわかりますが，**あなたの内面はこうした辛い経験を乗り越えてはじめて磨かれていく**のです。最初から簡単に内定をすんなり得た人よりも，苦労をしたぶん人間的に成長し，得るものは大きいと捉えて下さい。**人生に無駄なことは１つもありません**。すべての物事には，悪いこともあれば，そこに良いことも必ずあるものです。

　卒業後正社員にならずアルバイトを続けていくことは，不安定な生活を続けることになります。年齢を重ねるほど，しだいに条件は厳しくなり，今以上に苦労することが予測されます。こうした点から，大学卒業までの間に決して諦めることなく**最後まで就職活動を継続しましょう**。欠員が出て後半に再募集する企業もあります。「残り物に福はある」という言葉もあります。これまでの活動をふり返り，どこを改善したらよいのか，そのためにはどのような対策を立て行動するか，具体的に考えてみましょう。ひとりで悩まず，キャリアカウンセラーや大学の職員や教員にも相談してみて下さい。きっとよい助言や指導が得られるでしょう。

 これまでの経験を上手に活かし，諦めずに最後まで挑戦しよう！

5.9 就職活動

内定は取れたが，行く気がしない。どうしたらよいでしょうか

　内定が取れたことはまずはよかったですね。あなたをその企業は認め，必要としているということです。でも第一希望ではないから就職する気がしないのでしょうか。まだ卒業まで時間的な余裕があれば，納得のいくまで就職活動を継続してみてはどうでしょうか。そして新たな内定を得，現在の企業よりも働きたい企業であれば，変更することも可能です。しかしながら，第一希望がうまくいかなければ，必然的に第二希望の内定先を選択せざるを得ません。**第一希望にこだわり引きずっている限り，気持ちの切り替えができないでしょう。**結果，今後新たな企業から内定をもらっても，同じことがくり返されることに変わりはありません。したがって，たとえ第一希望の企業ではなくても，**内定をいただいたことに感謝し，そこで一生懸命仕事に打ち込み働いてみてはどうでしょうか。**そこで，仕事の基礎力や専門性を身につけ，その後再度希望する就職先に転職をすることも可能でしょう。すなわち働きながら絶えず人材募集の情報収集を参考にし，**働きたい企業へ再チャレンジすることも可能です。**

　しかし，企業は外側から見て考えているだけでは実際はわかりません。企業に入り働くと，たとえ第一希望ではなくても，そこで信頼できる人に出会い，与えられた仕事を「自分の仕事」に転換することによって，必ずそこに働きがいや達成感を得ることができるでしょう。すなわち，最初はたとえ第一希望の企業ではなくても，自分でその会社や仕事に主体的に適応し，そこに面白みややりがいを積極的につくり出していくことができるならば，**第一希望も第二希望も関係なくなります。**要するに，入社後の自分の仕事への取り組み姿勢と積極的な行動が，結果を生み出し，いつしか周囲から評価され，信頼され，認められる人材になることができるのであれば，そのうち，**その会社は自分にとっての大切な会社になっていくことでしょう。**要は積極的に，捉え方・意識・行動を変えてみることです。

 第一希望がだめでも引きずることなく捉え方を上手に転換しよう！

5.10 親が勧める就職先と，自分が行きたい就職先が異なり困っています

　親が良かれと思う就職先を子どもに強く勧めることが増えてきたようです。こうした相談事例が実際に多くあります。また就職後「会社を辞めたい」という相談の中にも，理由を聞くと，「親に勧められて就職したけど，自分のやりたいことと違う」というケースがあります。このようにならないためにもよく考えて行動しなければなりません。

　当たり前のことですが，**親が就職するのではありません。就職するのはあなた自身なのです。親任せにせず自分自身で将来の方向性と携わりたい職業をよく調べ情報を収集し，みずから考え行動することです。**そして，食い違う場合には親に対して自分の考えや希望の根拠を率直に話し，よく理解してもらう努力をしましょう。それでも親があなたの考えに反対する場合もあるかもしれません。しかし，**すぐに諦めずにくり返し何度もよく話し合い，少しでも理解してもらう努力を最後までしてみましょう。**そして親が抱く疑問点にもきちんと答えられるように，情報を整理し，まとめ準備をしましょう。

　話し合いの過程では，親の話にも耳を傾けましょう。話の中に参考になる点がたくさんあるのであれば，それを確認してみることも大切です。かたくなに親の話を聞かずに一方的に拒否することは避けたほうがよいでしょう。そのような態度では親も理解してくれません。親の話にも耳を傾けつつも，親に対して自分の考えや希望をありのまま伝え，十分に話し合うことが何よりも大切です。**最終的には自分自身の今後の進路は，自分で責任を持って最終結論を出すことが大切です。**

　たとえ，就職後うまくいかないような場合でも，「親が勧めたから，親が決めたからこうなった」と責任逃れすることがないようにしましょう。就職に関して親とは考えが違うという理由で，親を拒否し，以後コミュニケーションをとらなくなるような人を時々見かけます。親が一緒に考えてくれることを感謝し，常に話し合って解決する姿勢を大切にしましょう。

 point 親の話も聞き自分の考えも親に伝えながら互いに理解することが大切！

5.11 将来の進路

地元へUターンすべきか迷っている。どうしたらよいでしょうか

　大学へ入学する時に両親から「卒業したら地元へ戻ってきなさい」と言われている学生は多く，卒業後の進路を考えた場合に迷い悩むことがあります。特に女子学生，一人息子や親が自営業を営む場合などにUターン葛藤が起きているようです。こうした人たちはそのまま大学のある地域で就職をしたいという希望が強く地元へ帰り就職することへのためらいがあります。

　また，地元へのUターンもその地域性によって対応も考えなければなりません。出身地へ戻ったとしても，地元産業が非常に限られており，関心のある就職の選択肢がないことも原因となります。このような事例では，地元へ帰りたくても，希望する就職先がなかなかないためにUターンをあきらめざるを得ません。こうした場合には早くから準備を行うことによって出身地の民間企業，地方公務員や教員などを目指すことも可能です。**地元へUターンする場合で，このように就職先が限られている場合には，企業だけではなく公務員や教員なども視野に入れて，早くから準備をすることが必要でしょう。**

　また実家の家業を継ぐかどうかで葛藤する学生もいます。この場合には両親とよく話し合うことがまず何よりも大切です。もし家業を継ぐことを希望しないのであれば，きちんと正直な気持ちを両親に伝えることが必要です。そして，**自分が卒業後何をしたいのか，どのような仕事をしたいのか，両親に率直に話し，理解してもらう努力が欠かせません。**一旦他の仕事に就いたとしても，将来また，気持ちが変わることもあるでしょう。幅広いビジネス経験を重ねた後，将来，考えが変わり，家業を継承することもよくあることです。したがって，卒業後，他に就職したとしても並行して家業に関心を持ち，親と情報を交換し合い外部から間接的な支援をすることが可能であれば，**実家の家業への支援を行うこともよい**でしょう。親が歳を重ね老いてきた時，同じ葛藤が生じることもありますが，その時まで，社会で多様な経験を積み重ね成長することができるならば，将来直面する同様の課題も解決することができるでしょう。

 親との話し合いを大切にし，早めに準備し情報収集を行い対応しよう！

5.12 将来の進路

大学院へ進学しようかどうかと迷っているのですが……

　大学院への進学を希望する学生は増えていますが，その目的や動機は多様です。しかし，まず何のために大学院へ進学したいのか，その**目的**，**意図が自分の中で明確化されているかどうかが重要**です。

　今後のキャリアデザインのうえで，前提として大学院進学が必須である場合もあります。たとえば，臨床心理士になりたいのであれば，大学院修士課程を修了後，臨床心理士の資格試験を受験することが必要になります。理系の専門性が求められる高度技術者，研究者などは，最近の傾向として大学院進学は今後の重要なキャリア条件になっています。

　このように，卒業後の進路として，大学院進学の目的が明確な場合には，大学院入学試験の受験内容，必要な経費，大学院の指導内容（カリキュラム），修了後の進路と大学院の指導を行う担当教員とその研究分野などについて詳しく情報収集し，目的にかなう大学院かどうかを慎重に判断することが必要でしょう。できれば，大学院の教員，大学院生の研究室を訪問し，直接関心のある研究分野に関する詳しい話を聞くことも参考になるでしょう。

　しかし，最近は社会へ出て働くことへの心理的な抵抗感，拒否感から，社会へ出ることを先延ばしにすることを目的とした「とりあえずの大学院進学」をする学生もいます。**就職先延ばしタイプ・モラトリアム型の大学院進学はほとんど意味がありません**。就職を先延ばしにしているぶん，年齢が高くなり，かえって就職に不利になるでしょう。結局，**大学院を修了しても就職ができず，再びモラトリアムをくり返すことになりかねません**。大学院で高い専門性を身につけ，他の人とはレベルの異なる質の高い知識，スキル，経験，人脈などを得ることができるのであれば，大学院進学は長いキャリア形成の基盤を確実につくります。**大学院進学の動機，目的を確認し，大学院修了後のキャリアの方向性，キャリアデザインを行い，ある程度今後を長期に見通しながら，進路を選択し決定することが大切です**。

 就職を先延ばしにするモラトリアム型の大学院進学は意味がない！

5.13 将来の進路

女性として長く仕事を継続したいが，どのような企業がよいでしょうか

　女性には結婚，出産，育児と家事，介護など多様な人生イベントがあります。日本では男性は働くのが当たり前という社会通念があり，結婚する時に仕事を辞めるかなどと迷う男性はいないのが実際です。しかし，女性は人生の節目では，選択肢が複数存在しているために，かえって選択に迷い，葛藤し不安になることがあります。

　しかし少子高齢社会を迎え，企業は労働力をいかに確保するかに大きな関心を持っています。すなわち，男性労働だけでは社会は成り立っていきません。そこで，企業は女性が長期に働いてもらえるような，職場環境の整備に力を入れています。「ダイバーシティ・マネジメント」（多様性を活かす人材管理）を重視し，「ワークライフバランス」（仕事と家庭生活の両立）を施策として積極的に推進している企業も目立ちます。もし，**女性が長く仕事を継続したいのであれば，女性の活躍を推進する人事施策をもち，それが実際にうまく運用されている企業を調べてみましょう**。育児休業後の短時間勤務，フレックス，自宅での勤務（テレワーク），再雇用制度などを備えているかを調べてみましょう。また，同時に女性管理職などの割合を見てみることも，その企業が実際に女性を活用しているかの判断材料になります。

　こうした女性が長期に働きやすい制度上の整備ができている企業かどうか，女性の先輩，キャリアモデルとなる人がいるかどうか，などは就職活動を行う場合に情報としては調べる価値があります。しかし何より大切なことは，**女性であるあなた自身の長期に働くことへの強い意志**です。女性に質問すると「仕事を続けるかどうかは，結婚相手しだい」と言う人がよくいます。しかし，仕事を継続するかどうかは，相手しだいではなく「自分しだい」です。ですから，企業の女性活用施策を調べ情報収集すると同時に，実際に育児をしながら働く女性に直接話を聞いてみるといいでしょう。現実の問題もありのまま直視し，その中で長期に働くとは何か，そのためには何が大切かを今から考えて下さい。

 長期に働くためには職場環境の整った企業選び，強い自分の意志が大切！

5.14 将来の進路
大学卒業後はどのように生きていけば自己実現ができるか。キャリアアップの方法を教えて下さい

　会社（組織）に入ったら，何よりもまず会社から**与えられた仕事を一生懸命やることが大切**です。そして，そこで求められる責任と役割を十分に果たすことが欠かせません。どんな仕事であれ，**すべての仕事からは得るものが必ずあります**。その担当職務を通して，自分は「**何を得ることができるか**」を意識しながら仕事をすることです。そして，与えられた仕事上の責任と役割を果たすために，まだ知識やスキルが不十分であれば，周囲の先輩や上司にありのまま教えを請いましょう。初期の段階では知らないことのほうが多いのが当然です。聞くことは決して恥ずかしいことではありません。そして，自分からも積極的に勉強し，補う必要があるものがあれば，周囲の先輩をよく観察してよいところを盗んだり，模倣しながら，それらを自分のものにしていくことです。こうした熱心な仕事ぶりや真面目で意欲的な姿勢・態度を周囲に示し行動することが，何よりも大切であると考えて下さい。そして，**周囲から信頼され評価される社員**（職員）になることです。こうした日頃からの細かい積み重ねの**姿勢や態度，周囲からの揺るがぬ信頼を得ること**によって，**自己実現への基盤**はしだいにつくられていくでしょう。

　簡単に一朝一夕に自己実現は達成できるほど生易しいものではなく，日常からの不断の努力があってこそ到達することができるものです。どのような分野であれ，絶えず自分をさらに磨き育て，質の高い仕事を通して信頼を得ようとする強いキャリア意識（向上心），期待される具体的な成果をあげることが欠かせません。これは，30代，40代になってもこうした継続的な努力は不可欠です。そして，目標の達成への戦略を立て，それに向けて絶えず自己啓発を行わなければなりません。**キャリアは考えているだけではなく，具体的な努力，行動を通して形成され**，しだいに**自己実現へ近づいていく**のです。長い道のりですが，キャリア目標をそのつど柔軟に見直しながら，絶えず努力しましょう。そのたゆまぬ努力の結果として自己実現は存在していると言えるでしょう。

 自己実現は行動を通した努力の積み重ねの結果得ることができる！

COLUMN

❖❖❖ 気分を変えるためには捉え方を変えよう ❖❖❖

　落ち込んだり，不安になることはよくあることです。こうした気分になった時には，「自分は何をどのように捉えているか（認知のしかた）」をふり返ってよく考えてみましょう。人は事実を客観的に捉えているというよりも，むしろ自分が捉えたいように捉えて，落ち込んだり不安になっているものです。つまり，物事の「捉え方」が自分の「心の鍵」を握っています。ですから，落ち込むようなことがあったら，それは自分が「あえて落ち込むような捉え方をしているからだ」と考えて下さい。そして，その捉え方を積極的に変えてみましょう。捉え方は多様にあります。落ち込むような捉え方にとらわれることなく，もっと柔軟にいろいろな捉え方を試してみましょう。そうしたら，気分はどう変化するでしょうか。特にこれから先の不透明なことは，なるべく肯定的に捉え，自分を勇気づけ，元気づけ，動機づけることが大切です。

❖❖❖ 目標を明確化すると意識が変わり行動も変わる ❖❖❖

　なりたい自分，ありたい自分を描くことは大切です。すなわち，自分の将来の目標を設定することです。これはとりあえずの目標でもいっこうにかまいません。大学1年生の時に何をするか，2年では何をするか，目標をまずは明確化することです。たとえば，英語を自分の強みにしようとするならば，それを意識します。積極的に英語のテープを聴いたり，語彙を増やしたり，英字新聞を読んだりするでしょう。そして，4年間に何度もTOEICやTOEFLを受けてスコアをあげていく努力をするでしょう。目標が明確化されている人は意識が強化され，それに伴い行動が違ってきます。たとえば体重を2kg減らそうと意識すると，食べ方や運動も違ってきますね。キャリア形成においても同じことが言えます。卒業後何をしたいのか，どのような分野で自分を活かしたいのか，よく考え目標を設定し4年間具体的に行動する人と　何の目標もなくぼんやりただ4年間を無為に過ごす人とでは当然その結果は大きく異なるでしょう。皆さんには何か具体的な目標はありますか。

参考文献・資料

〈第1章〉
・板垣與一『自己の中に永遠を』文藝社　2004年
・宇佐見義尚（編）『大学教育と進路選択』第1号（2002年）〜第13号（2015年）亜細亜大学
・内田義彦『読書と社会科学』岩波新書　1985年
・内山興正『進みと安らい―自己の世界』柏樹社　1969年
・川西重忠・西谷英昭（編著）『新・現代の学生に贈る―抄訳現代版「学生に与う」』桜美林大学北東アジア総合研究所　2015年
・マックス・ヴェーバー『社会科学方法論』岩波文庫　1972年
・安田　雪『大学生の就職活動―学生と企業の出会い』中公新書　1999年

〈第2章〉
・経済産業省『社会人基礎力に関する研究会「中間とりまとめ」』　2006年
・高良和武（監修）石田宏之・太田和男・古閑博美・田中宣秀（編）『インターンシップとキャリア―産学連携教育の実証的研究』学文社　2007年
・ダニエル・レビンソン／南　博（訳）『ライフサイクルの心理学（上・下）』講談社学術文庫　1992年
・中央教育審議会「今後の学校におけるキャリア教育・職業教育の在り方について」（答申）　2011年
・内閣府『就職・採用活動開始時期の変更について』　2013年
・内閣府『子供・若者白書（平成27年度版）』　2015年
・（財）日本進路指導協会　『高校生のための「進路成熟尺度」による診断と指導』1999年
・文部科学省『キャリア教育の推進に関する総合的調査研究協力者会議報告書―児童生徒一人一人の勤労観・職業観を育てるために』　2004年
・文部科学省『学校基本調査』　各年
・文部科学省・厚生労働省・経済産業省『インターンシップの推進に当たっての基本的考え方』　2014年

【注】ワークシート「キャリア・マニフェスト」は長尾が勤務校で使用しているものを本書用に再構成したものである。

〈第3章〉
・神戸学院大学学生支援センター『Pursue 就職活動ガイドブック 2009』2008年
・杉本太郎『絶対内定2009 自己分析とキャリアデザインの描き方』ダイヤモンド社　2007年

- 寿山泰二『ハッピー☆キャリアデザイン〜心豊かに生きるための思考・行動・感情〜』三恵社　2008年
- 寿山泰二『エンプロイアビリティにみる大学生のキャリア発達論—新時代の大学キャリア教育のあり方』　金子書房　2012年
- 寿山泰二『社会人基礎力が身につくキャリアデザインブック—自己理解編』金子書房　2012年
- 寿山泰二『社会人基礎力が身につくキャリアデザインブック—社会理解編』金子書房　2012年
- 髙橋書店編集部『資格取り方選び方全ガイド2010年版』髙橋書店　2008年
- ㈱ディスコ『Cue＋大学生のための就職応援ブック2008-2009』　2007年
- ㈱毎日コミュニケーションズ『毎日就職ナビBOOK［就活スタート号］』　2005年
- 渡辺茂晃・日経ナビ＆就職ガイド編集部『日経就職シリーズ　本命企業の内定獲得を目指す　面接対策2009年度版』日経HR　2008年

　【注】「就職能力チェックリスト」は寿山が作成した「企業就職能力尺度」をチェックリスト用に編集したものである。

〈第4章〉
- 青木祐子『女性のキャリアデザイン—働き方・生き方の選択』学文社　2007年
- 大沢真知子『ワークライフバランス社会へ』岩波書店　2006年
- 小室淑恵『ワークライフバランス』日本能率協会マネジメントセンター　2007年
- 鈴木淳子・柏木恵子『ジェンダーの心理学』培風館　2006年
- 矢沢澄子・岡村清子『女性のライフキャリア』勁草書房　2009年

索 引

あ
挨拶　66, 138
アウトカム（学習成果）　40, 41
アセスメント　137
アルバイト　2, 6, 24, 25, 27, 39, 41, 54, 65, 89, 91, 96, 97, 107, 143

い
育児　148
生きがい　140
一般職　101
インターンシップ　5, 57, 60-66, 68, 69, 83, 84, 87, 97, 136

え
SPI 試験　112
エピソード　96, 97, 108, 114, 115
M字カーブ　126
エントリー（資料請求）　86
エントリーシート　36, 68, 92, 103, 108-110, 112, 136
エンプロイアビリティ　90

お
OJT（on the job training）　88
OB・OG訪問　110, 111
大人の自覚　8
オフィスアワー　19
オムニバス方式　17
オリエンテーション　7
お礼状　84

か
会計（簿記）教育　27
会社説明会　57, 90, 91, 106, 110, 111, 117, 136
会社訪問　110, 111
ガイダンス　7
学習サークル　19
学生生活　35, 36, 38, 40
学生生活のサイクル　54
学生センター　10
学生と教員の共同作業　17
学生の多様化　34
賢い消費者　26
賢い生産者　27
課題解決型インターンシップ　62
課題対応能力　49
価値観　50, 99, 101, 132, 137
過渡期　58
カリキュラム　4, 5, 147
考え抜く力（シンキング）　36, 37, 56
考える力　138
カンニング　15

き
危機　58, 59
企業研究　87, 102, 117
企業戦士　25
聴く力　138
基礎的・汎用的な4つの能力　49
希望格差　6
キャリア　35, 41-46, 48, 67, 89, 137, 149
キャリア意識　132

153

キャリアガイダンス　83
キャリア開発　137
キャリアカウンセラー（コンサルタント）　91, 107, 137
キャリアカウンセリング（キャリア・コンサルティング）　57, 83, 91, 136, 137
キャリア教育　2-5, 24-31, 38, 40, 48, 57, 60, 83
キャリア教育科目　4, 5, 40, 41, 57, 70, 87
キャリア形成　4, 41, 50-52, 56-58, 70, 83, 137, 141, 147, 150
キャリアセンター　84, 90, 91, 107, 111, 116
キャリアデザイン　35, 40, 41, 46, 48, 57, 60, 61, 69, 70, 83, 147
キャリア発達　57
キャリアプランニング能力　49
キャリア・マニフェスト　70, 75, 79
教員採用試験　105
業種・業界　98-100, 102
興味・関心　92-94, 98, 103, 110, 137, 139
教養教育　3
教養教育科目　4
金銭教育　27, 28
金融・財政教育　28

クラブ　54, 55, 96, 97, 111
グループディスカッション　112, 113
グループ面接　114
グループワーク　112, 113
グローバル化　34, 35

経済教育　26-29
経済産業省　36
経済倫理　29
傾聴　138
啓発的経験　83

結婚　148
研究計画書　105
言語化　68
厳選採用　90

構想力　21
行動力　138
公務員試験　104
公務員志向　35
コピー&ペースト　37
コミュニケーション　66
コミュニケーション能力　37, 84, 112, 136, 138

サークル　2, 25, 39, 41, 54, 55, 97, 111
最終年次教育　5
採用活動　36
採用試験　111

ジェンダー・バイアス　129
資格取得　100
時間管理　132
私語　10
事後学習　62, 68, 69
自己管理　132
自己啓発　133
自己実現　38, 39, 46, 57, 89, 149
仕事　38-40, 67
仕事の基礎力　138
仕事力　138
自己PR　94, 96, 97, 103, 106, 108, 109, 111, 114, 115
自己分析　3, 87, 91-96, 101, 102, 117
自己理解　50, 51, 57, 70, 83, 92-94, 102, 134, 137
事前学習　63, 64
事前訪問　64

実習　60, 66
自分軸　94, 102, 117
志望動機　91, 94, 96, 102, 103, 108, 109, 114, 115
社会形成能力　48
社会人（職業人）　13, 14, 17, 19, 20, 22, 58
社会人基礎力　36, 37, 56, 57
社会認識　26
就活終われハラスメント（オワハラ）　116
就業率　126
就職ガイダンス　57, 83
就職活動（就活）　50, 55, 57, 68, 86, 87, 89, 91, 94, 103, 106, 116, 117, 136, 142-144
就職環境　90
就職・採用活動開始時期の変更　60
就職情報　90, 91
就職情報ナビサイト　62
就職倫理憲章　86
授業改善　17
授業中の居眠り　11
授業中の飲食　13
授業中の脱帽　12
授業中の机の上　13
授業中のマフラー・コート　12
授業の出欠　14
授業の遅刻　14
授業評価　17, 139
受講マナー　40
出産　148
出席の代返　15
順法精神　29
生涯の恩師　19
消去法　99, 141
常識・マナー　5
承諾書　116
消費者・生産者教育　26
職業　52, 53, 58
職業訓練校　28
職業指導　83

職業社会　60
職業情報　52, 53
職業選択　50
職業相談　83
職業分類　53
職業理解　57, 83
職種　65, 100-104
初年次教育　5
進学率　34
新規学卒者（新卒者）　36, 39, 88, 89, 115
新人研修　88, 89
進捗管理　70, 82
新聞閲覧の活用　22
人脈　133
進路指導　83
進路相談　83

す

スーパー（Super, D. E.）　42, 43
スタディスキル　18, 20

せ

正課科目　34
正規社員（正社員）　35, 39, 101, 143
生産年齢人口　124
誓約書　116
性役割分業　124, 128
セールスポイント　96, 97, 108, 115
ゼミ　13, 37, 39, 41, 91, 97, 111
専門教育　3
専門教育科目　4, 41

そ

総合職　101
想像力　21
卒業研究　55
卒業論文　55

た

大学院　147
大学院試験　105

索引

155

大学院進学　147
大学観　2
大学のユニバーサル化　34
大企業信仰　35
ダイバーシティ・マネジメント　148
他者理解　70
旅の効用　22
男女共同参画社会　124

ち
チームで働く力（チームワーク）　36，37，56
知の居場所　22
中年期　58

つ
強み　137

て
ディベート　112
適職　92，122
適性　50，136
適性検査　51，92，112
テレワーク　148
転職　58

と
読書　21
図書館　22，139
捉え方　150

な
内定　143
内定辞退　116
内定取得　94，103，114，116
内定取り消し　90
内定ブルー　117
ナビ登録　91

に
ニート　39
人間関係形成能力　48

人間関係能力　140
人間教育の場　13
人間力　56
認知のしかた　150

ね
熱意　115

の
能力・適性　92-94，99
ノート　18

は
発達課題　42，54
発達段階　42，54
話す力　138
ハローワーク　28，83
パワーポイント　20

ひ
PDCAサイクル　75
ビジネスマナー　84，107
非正規社員　101
筆記試験　91，104，105，110，112，143
表現力　21

ふ
ファーストキャリア　89
フィールドワーク　17，23
ブラック企業　122
ブラックバイト　39
フリーター　39，56，89
プレゼンテーション　20，138

ほ
報酬　38，40，65，67
ボランティア　2，25，38，41，44，54，97

ま

前に踏み出す力（アクション）　36, 37, 56
マナー　10, 12-14, 84
マニフェスト　70

む

無償労働　38, 65

め

明確な目標　132
面接試験　92, 96, 103, 106, 108, 110, 111, 114, 115, 136

も

目標　150
求める人材　103, 115
求める能力　103, 115
モラトリアム　147

や

役割　42, 44
やりがい　140

ゆ

有償型インターンシップ　65
有償労働　38
Uターン　136, 146
ユニバーサル化　34, 35

よ

よい仕事　38, 67, 77
弱み　137
寄らば大樹の陰　35

ら

ライフキャリア・レインボウ　42, 43
ライフコース　128
ライフラインチャート　94, 95

り

リーダーとしての能力　25
リクルートスーツ　106
良質の失敗　66
履歴書　89, 91, 92, 106-108, 110

れ

レジメ　20
レビンソン（Levinson, D.）　58, 59
レポート　18, 37

ろ

労働基準監督署　28
労働基準法　28

わ

ワークライフバランス　148
ワークライフバランス社会　129
1 day（ワンデー）インターンシップ　62

著者紹介

■ **寿山泰二**（すやま・やすじ）……………………………全体編集，第3章担当
神戸商科大学大学院経営学研究科修士課程修了
兵庫教育大学大学院学校教育研究科修士課程教育臨床心理コース修了
武庫川女子大学大学院臨床教育学研究科博士後期課程修了，博士（臨床教育学）
民間企業，会計事務所などを経て，
現　在　阪南大学国際コミュニケーション学部教授・キャリア委員・インターンシップ委員
　　　　税理士・CFP・臨床心理士・学校心理士・シニア産業カウンセラー・キャリアコ
　　　　ンサルタント
〈主著〉
入門の簿記（共著）　税務経理協会　2001年
ハッピー☆キャリアデザイン―心豊かに生きるための思考・行動・感情（単著）　三恵社　2008年
エンプロイアビリティにみる大学生のキャリア発達論―新時代の大学キャリア教育のあり方（単著）　金子書房　2012年
社会人基礎力が身につくキャリアデザインブック―自己理解編（単著）　金子書房　2012年
社会人基礎力が身につくキャリアデザインブック―社会理解編（単著）　金子書房　2012年

■ **宮城まり子**（みやぎ・まりこ）……………………………第4章，第5章担当
早稲田大学大学院文学研究科心理学専攻修士課程修了
カリフォルニア州立大学大学院教育学研究科
カウンセラー教育，キャリアカウンセリングコースに研究留学
現　在　キャリア心理学研究所代表，臨床心理士
〈主著・論文〉
キャリアカウンセリング（単著）　駿河台出版社　2002年
キャリアサポート（編著）　駿河台出版社　2004年
キャリア教育の意味とキャリアカウンセリングの役割（単著）　立正大学心理学研究所紀要　第4号13-33．2006年
心理学を学ぶ人のためのキャリアデザイン（単著）　東京図書　2007年
成功をつかむための自己分析（単著）　河出書房新社　2007年

■ **三川俊樹**（みかわ・としき）……………………………第2章（2.5‐2.13）担当
大阪大学大学院人間科学研究科博士後期課程中退
追手門学院大学文学部助手，講師，助教授などを経て，
現　在　追手門学院大学心理学部教授
〈主著〉
キャリア・カウンセリングハンドブック―生涯にわたるキャリア発達支援（共著）　中部日本教育文化会　2006年
ほめて伸ばす！叱って育てる！（単著）　東京書籍　2007年
キャリア・コンサルタント―その理論と実務（共著）　（社）日本産業カウンセラー協会　2008年
実践キャリアデザイン―高校・専門学校・大学（共著）　ナカニシヤ出版　2010年

■ **宇佐見義尚**（うさみ・よしなお）……………………………第1章担当
亜細亜大学大学院経済学研究科博士後期課程単位取得
現　在　板垣與一記念館代表・ジジババ子ども食堂主宰（2017年〜）
〈主著・論文〉
大学教育改革としての「演習」授業の可能性　大学教育研究（9）　亜細亜大学・大学教育研究会　2000年
大学本質論からの大学教育改革の視点　経済教育　No.20.　経済教育学会　2001年
大学教育と就職教育の統合に向けて　Between　No.187.　進研アド　2002年
M・ヴェーバーにおける儒教倫理と資本主義の「精神」（要旨）　経済社会学会年報　No.29.　経済社会学会　2007年
武蔵野市空き店舗活用学生カフェ―新しいフィールドワーク教育への展望　都市・経済・コミュニティ　教育と研究7号　亜細亜大学　2012年
新・現代の学生に贈る（共著）　桜美林大学　2015年
経済社会学キーワード集（共著）　ミネルヴァ書房　2015年

■ **長尾博暢**（ながお・ひろのぶ）………………第2章（2.1 - 2.4, 2.14 - 2.18）担当
京都大学大学院経済学研究科博士後期課程満期退学
現　在　鳥取大学教育支援・国際交流推進機構キャリアセンター准教授
〈主著・論文〉
1990年代の労使関係研究　社会科学研究　第53巻　1号　5-35.　東京大学社会科学研究所　2002年
大学におけるインターンシップの教学的正統性―単位認定・正課科目の経緯と論理をめぐって　インターンシップ研究年報　第12号　日本インターンシップ学会　2009年
インターンシップと体系的なキャリア教育・職業教育（高等教育研究叢書117号）（共著）　広島大学高等教育研究開発センター　2012年

大学生のためのキャリアガイドブック Ver.2

2009年3月30日　初版第1刷発行
2012年6月10日　初版第3刷発行
2016年2月20日　Ver.2 第1刷発行
2023年2月20日　Ver.2 第5刷発行

定価はカバーに表示
してあります。

著　者　　寿山　泰二
　　　　　宮城　まり子
　　　　　三川　俊樹
　　　　　宇佐見　義尚
　　　　　長尾　博暢

発　行　所　　㈱北大路書房
〒603-8303　京都市北区紫野十二坊町 12-8
　　　　　電　話　(075) 431-0361 ㈹
　　　　　FAX　(075) 431-9393
　　　　　振　替　01050-4-2083

© 2016　　制作／T.M.H.　イラスト／よしのぶもとこ
　　　　　印刷・製本／創栄図書印刷㈱
　　　　　検印省略　落丁・乱丁本はお取り替えいたします。
　　　　　ISBN 978-4-7628-2916-1　Printed in Japan

・ JCOPY 〈㈳出版者著作権管理機構 委託出版物〉
本書の無断複写は著作権法上での例外を除き禁じられています。
複写される場合は，そのつど事前に，㈳出版者著作権管理機構
(電話 03-5244-5088, FAX 03-5244-5089, e-mail: info@jcopy.or.jp)
の許諾を得てください。